성경 읽는 법

How to

Read

the Bible

How to Read the Bible
: A Simple Guide to Deeper Intimacy with God

성경 읽는 법

지은이 | 데이비드 플랫
옮긴이 | 윤종석
초판 발행 | 2025. 9. 10.
3쇄 발행 | 2025. 9. 12.
등록번호 | 제1988-000080호
등록된 곳 | 서울특별시 용산구 서빙고로65길 38
발행처 | 사단법인 두란노서원
영업부 | 02)2078-3333 FAX | 080-749-3705
출판부 | 02)2078-3330

책값은 뒤표지에 있습니다.
ISBN 978-89-531-5163-5 03230

독자의 의견을 기다립니다.
tpress@duranno.com www.duranno.com

두란노서원은 바울 사도가 3차 전도 여행 때 에베소에서 성령 받은 제자들을 따로 세워 하나님의 말씀으로 양육하던 장소입니다. 사도행전 19장 8-20절의 정신에 따라 첫째 목회자를 돕는 사역과 평신도를 훈련시키는 사역, 둘째 세계선교TIM와 문서선교단행본·잡지 사역, 셋째 예수문화 및 경배와 찬양 사역, 그리고 가정·상담 사역 등을 감당하고 있습니다. 1980년 12월 22일에 창립된 두란노서원은 주님 오실 때까지 이 사역들을 계속할 것입니다.

How to READ THE BIBLE

데이비드 플랫 지음
윤종석 옮김

하나님은 성경으로 말씀하신다

성경 읽는 법

두란노

성경의 저자(Author)이신 하나님을 사랑하고
성경의 권위(authority)를 두려워하도록 가르쳐 준
짐 섀딕스에게.

차 례

Part 2.

오늘부터 성경 읽기, 저자의 의도대로

지혜롭고 명쾌한 지도(MAPS)를 따라

머리말

풍덩! 하나님과 사랑에 빠지다

책을 쓰는 사람은 독자에게 자신이 그 책을 쓸 자격이 있음을 먼저 보여 줘야 한다. 그 사실을 알기에 감히 고백할까 하는데, 오히려 이 이야기를 듣고 나면 과연 내게 글을 쓸 자격이 있는지 고개를 갸웃거리게 될지도 모르겠다. 어쨌든, 시작하자면……

고등학생 때 나는 사교성이 꽤 부족했다(누군가는 지금도 마찬가지라고 말하겠지만). 그래서 데이트 같은 건 단 한 번도 해

본 적이 없었다. 그러다 어느 날, 신기하게도 그런 어색한 내 모습에 마음이 끌린 여학생이 나타났다. 문제는 그녀가 나보다 나이가 한 살 많아 곧 졸업하고 대학교에 가게 된 것이다. 내게 관심을 보인 유일한 여학생은 그렇게 떠났고, 나는 다시 혼자가 되었다.

나는 대학교 진학을 위해 다른 지역으로 떠난 그녀에게 편지를 썼다(문자나 이메일이 없던 시절이다). 훗날 불행히도 그 편지를 다시 읽게 되었는데, 내가 써 놓고도 도저히 믿어지지 않았다. 내용은 다음과 같다(10대 시절의 나를 돌아보며 중간중간 해설을 덧붙였다).

친애하는 헤더에게

어이, 오늘 밤 네가 전화해 줘서 정말 좋았어.

ㄴ '어이'라고? 시작부터 이게 무슨 소리인가? 좋아하는 여자에게 보내는 편지라면 단어 하나하나를 공들여 써야 하거늘, 도대체 무슨 생각으로 '어이'가 맨 먼저 튀어나왔는지 알다가도 모를 일이다. 보아 하니 둘이 통화한 직후였던 것 같다. 그래서 내 편지는 이렇게 이어진다.

나도 목요일, 금요일, 토요일, 일요일, 그리고 오늘도 너한테 전화하고 싶었는데 그냥 네가 너무 바쁠 것 같았어.

ㄴ 그렇게 말하면 안 되지! '내가' 정말 바빴다고 했어야지. 아마도 나는 바쁘지 않았던 모양이다.

오늘 네 목소리를 들었을 때 기분이 너무 좋아서 말로 표현할 수가 없었어. 정말 네 목소리가 너무 좋았어. ……

ㄴ 이렇게 어설플 수가 있나? 나머지 세 페이지를 다 읽자니, 갈수록 더 가관이다. 그냥 맨 뒤로 건너뛰겠다.

어이, 내가 이런 말을 하는 건 그저 잉크 낭비가 아니야.

ㄴ 또 '어이'란다! 게다가 '잉크 낭비'가 아니라고? 한 번도 여자친구가 없었다는 티를 이렇게 내야 하나?

네가 곁에 없으니 사는 게 재미가 없어. 함께 이야기 나누고 시간을 보내던 날들이 그립다. 그리움이 사무친다고나 할까.

ㄴ 사무치다니, 정말?

어이, 널 위해 기도한다.

ㄴ 몇 문장 인용하지 않았는데도 '어이'가 벌써 세 번째다.

그리스도 안에서,

ㄴ 이 졸작 편지를 그분 탓으로 돌리지는 말자.

데이비드

이것이 위조된 편지라면 나도 참 좋겠는데, 안타깝게도 전부 사실이다. 나는 이 편지를 썼다는 사실조차 까맣게 잊고 있었다(어떤 기억은 잊히는 게 낫기에). 그런데도 이 편지가 남아 있는 이유는 지금의 내 아내인 그때 그 여학생 헤더가 이 편지를 두고두고 간직했다가 어느 해 결혼기념일에 내게 주었기 때문이다. 아내는 결혼 전부터 지금까지 한결같이 자신을 원하고 사랑하는 내게 눈물을 보이며 고마워했다. 세상 모든 사람에게 실없어 보이는 이 글이 아내에게는 더없이 소중하다. 우리 둘의 친밀한 관계가 이 편지에 고스란히 담겨 있기 때문이다.

이 편지를 공개하며 책을 시작하는 이유는 당신이 하나님의 말씀을 통해 그분과 친밀한 관계를 누렸으면 하는 바람 때문이다. 하나님은 우리가 그분의 말씀을 듣고 믿고 의지하고 순종함으로써 그분과 사랑의 관계를 맺어 영원한 생명을 누리도록 우리를 지으셨다. 하지만 문제는 우리 모두가 하나님께 죄를 지었다는 것이다. 이는 우리가 하나님의 말씀에서 벗어났다는 뜻이다. 죄로 인해 우리의 삶은 물론 우리를 둘러싼 세상까지 망가졌다.

그러나 하나님은 우리를 지극히 사랑하시기에 자신의 아들 예수님을 이 땅에 보내셨다. 예수님은 우리 죄를 위해 십자가에서 죽으셨고, 죄를 이기시고 죽은 자 가운데서 다시 살아나셨다. 이제 세상 누구든 죄에서 돌이켜 이 부활하신 예수님을 구주로 믿으면, 죄 사함을 받고 하나님과의 관계가 온전히 회복된다. 영원히 그분과 바른 관계를 맺는 것이다. 아직 이 관계를 시작하지 않았다면, 오늘 예수 그리스도를 믿고 하나님과 화목하게 되기를 권한다.

성경에 당신을 향한 하나님의 사랑이 계시되어 있음을 깨달으면 성경을 보는 눈이 완전히 달라진다. 하나님을 모르는 사람들은 성경을 구시대의 유물이나 심지어 터무니없는 책이라 여길 수 있다. 안타깝게도 스스로 그리스도인이라 말하는 사람들조차 성경을 따분하다고 생각하고, 이해하기 어렵다 느끼며, 읽는 시간을 아깝게 여기는 경우가 많다. 그들에게 성경은 기뻐서 읽는 책이 아니라, 읽어야 하니까 의무감에 읽는 책일 뿐이다. 그러나 예수님을 따르는 우리는 하나님의 말씀을 그런 시선으로 보아서는 안 된다.

성경은 당신을 원하시고 사랑하시는 하나님을 계시해 주는 한없이 소중한 보화다. 그 사실을 당신에게 보여 주기 위해 이 책을 썼다. 젊은 남녀가 서로의 말을 즐거워하는 것과 비교할 수 없을 정도로, 당신의 영혼은 당신을 창조하신 그분의 말씀을 즐거워하도록 지어졌다. 이 즐거움을 맛보는 법을 알려 주고 싶다. 하나님은 당신에게 친히 말씀하시며, 그 음성을 들을 때 밀려오는 형언할 수 없는 초자연적 기쁨이 있다. 이제부터 그 기쁨을 누리는 길을 안내하려 한다. 궁극적으로는 당신이 성경을 제대로 읽고 공부하며 깊이 깨달아 성경의 저자이신 하나님과 날마다 더욱 깊이 사랑에 빠지도록 돕고 싶다.

먼저, 1부에서는 많은 그리스도인이 하나님의 말씀을 공부하지 않는 가장 흔한 이유들을 살펴볼 것이다. 그리고 어째서 세상 그 무엇보다 그분의 말씀이 우리에게 절실히 필요한지를 함께 생각해 볼 것이다. 이어서, 성경을 대할 때 조심해야 할 몇 가지 위험한 접근 방식도 짚어 볼 것이다.

2부에서는 누구나 매일 실천할 수 있는, 간단하면서도 신뢰할 만한 네 단계의 성경 공부 지침을 소개하겠다(부록에는 성경을 장르별로 읽을 때 도움이 되는 몇 가지 원칙을 담았다). 성령의 도우심을 받아 이 지침들을 따를 때 당신의 삶은 완전히 달라질 것이다. 하나님과 사랑의 관계를 맺고 경외와 경이로움, 아름다움, 위엄, 친밀함을 깊이 경험하게 될 것이다.

기도하기, 마음 다해

하나님, 하나님의 말씀을 통해
제가 하나님과 친밀해지도록 도와주소서.

HOW TO

Read the Bible

Part 1.

성경을 펴기 전에

성경 공부를 둘러싼 오해와 빗나간 태도들

chapter 1.

말씀 없이 살아가는 위태로운 그리스도인

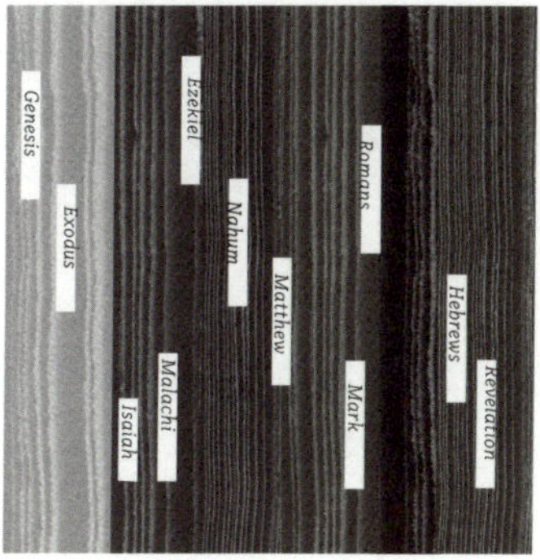

스스로 그리스도인이라고 말하는 사람들 가운데 성경을 제대로 공부하는 법을 배우지 못한 이들이 왜 그리 많을까? 지금까지 내가 하나님의 말씀을 공부하는 법에 대해 가르칠 때마다 수많은 사람이 내게 다가와 이렇게 말하곤 했다. “저는 그리스도인이 된 지 5년째(혹은 10년째, 15년째, 20년째, 그 이상)인데, 성경을 읽고 공부하고 깨닫는 방법을 배운 적이 없습니다.” 그들이 털어놓은 이유는 대개 다음 여섯 가지로 요약된다.

#1 성경이 어떻게 내 삶에 적용되는지 모르겠어요

많은 그리스도인이 대놓고 이렇게 말하기는 주저하지만, 속으로는 성경이 해묵은 책이라 21세기의 삶과는 동떨어져 있다고 생각한다. 솔직히 말해, 고대 율법으로 가득한 레위기나 난해한 환상으로 가득한 에스겔을 읽을 때 우리 모두 한 번쯤 이런 생각을 해 봤을 것이다. ‘지금 내가 겪는 모든 일과 이 말씀이 무슨 상관이지?’ 첨단 기술과 인공 지능의 시대에 이런 의문은 더욱 커진다.

#2 해 봤는데, 방법을 모르겠던데요?

그럼에도 불구하고 많은 사람이 마음에 찔림을 받고 하나님의 말씀을 공부해 보기로 결심했다. 그래서 큰 기대감을 안고 자리에 앉아 성경을 펼치지만, 막상 어디서부터 어떻게 시작해야 할지 몰라 막막하다. 일단 읽기는 하는데 깨달음은커녕 내용조차 이해가 가지 않는 부분이 수두룩하다. 다른 사람들에게 보인다는 부분이 자신에게도 보였으면 좋겠는데, 그게 생각처럼 쉽지 않다. 결국 답답해서 성경을 덮는다. 그리고 자신은 영원히 '깨닫지' 못할 것이라고 단정한다.

#3 성경을 공부하는 건 목사가 하는 일 아닌가요?

한편 많은 그리스도인이 성경을 '전문가'에게 배우는 것으로 만족한다. 여기서 '전문가'란 성경을 가르치는 일이 본업인 사람을 뜻한다. 물론 목사를 포함해, 성경을 충실히 가르쳐 줄 그리스도인 리더가 우리 모두에게 필요하다. 그러나 직접 성경을 파고들어 공부하지 않으면, 스스로 말씀 속에서 하나님을 찾고 경험할 때 누리는 깊은 기쁨을 놓치게 된다. 사랑에 빠지는 일을 남에게 대신 맡길 수 없듯이 성경 공부도 남이 대신해 줄 수 없다. 하나님은 목사뿐만 아니라 그분의 모든 자녀가 말씀을 통해 일대일로 그분과 사랑의 관계를 직접 맺기를 원하신다.

#4 그냥 시간이 없어서요

어떤 이들은 주당 50시간이나 60시간, 심하면 70시간씩 일한다. 집에 있더라도 어린 자녀를 돌보느라 혼자 있을 시간이 거의 없고, 앉아서 뭐든 공부할 정신적 여력은 더더욱 없다.

오늘날 만연한 이런 정서는 교회사 전반에 걸쳐 그리스도인들이 하나님의 말씀을 대하던 방식과 극명하게 대조된다. 일부 기독교 단체와 전통에서 흔히 찾아볼 수 있듯이, 과거에는 '유난히 독실한' 교회 리더만 아니라 모든 신자가 새벽에 일어나 하나님의 말씀을 충분히 묵상한 뒤 온 가족이 식탁에 둘러앉아 말씀을 나누며 식사했다. 한낮에도 혼자서든 다른 그리스도인과 함께든 시간을 떼어 하나님의 말씀을 읽었다. 그러다 일과가 끝나면 저녁 식탁에 둘러앉아 하나님의 말씀을 보았고, 나중에 잠자리에 들 때는 개인적으로 말씀을 묵상했다.

오늘날 정신없이 바쁘게 살아가는 우리로서는 이해하기 힘든 풍경이다. 눈뜨는 순간부터 잠들기 직전까지 온종일 그 많은 시간을 들여 무언가를 본다는 게 도무지 상상이 안 된다. 아니, 그런데 잠깐만……. 우리 모두 이미 스마트폰을 그렇게 보고 있지 않던가? 미국 통계에 따르면, 사람들은 하루 평균 5시간 24분을 모바일 기기를 사용하는 데 쓴다. 눈뜨는 순간부터 잠들기 직전까지 하루 평균 96번, 즉 10분당 한 번꼴로 스마트폰을 확인한다.*

알고 보면 우리는 생각만큼 시간에 쪼들리고 있지 않다. 스마트폰이 중독성이 있는 건 사실이지만, 더 분명한 사실은 누구나 자기 삶에서 정말 중요하다고 여기는 일에는 기어코 시간을 낸다는 것이다. 그렇다면 이 질문이 중요하다. '하나님의 말씀은 내 삶에서 얼마나 중요한가?'

#5 성경이 참인지 확신이 안 서요

온 세상 어디에도 성경 같은 책은 없다. 1,500년에 걸쳐 40여 명의 저자가 각기 다른 세 언어로 쓴 66권의 책이 모두 한 가지 일관된 이야기를 들려주니, 곧 예수 그리스도의 복음이다. 이 단일한 내러티브에 어긋나는 본문은 성경

* "How Much Time Does the Average Person Spend on Their Phone in 2024," What's the Big Data, 2024년 4월 22일, https://whatsthebigdata.com/smartphone-usage-statistics/.

을 통틀어 단 한 권도 없다. 단 한 군데도 없다.

스스로에게 물어보라. '어떻게 그런 일이 가능할까?' 당신이 아는 사람 40명에게 하나님이 누구시며, 인간인 우리는 누구인지, 또 세상은 어떻게 생겨났고, 세상의 문제는 무엇이며, 세상을 어떻게 바로잡을 수 있을지를 하나의 이야기에 다 담아 책을 써 보라고 한다면, 40명의 생각이 일치할 확률은 전무하다. 일치된 이야기가 나올 리 없다. 모두가 동시대인이며 같은 언어를 사용한다 해도 말이다. 그런데 성경은 농부, 목자, 군인, 율법학자, 제사장, 세관원, 어부 등 다양한 배경을 지닌 이들이 오랜 세월에 걸쳐 여러 언어로 기록했음에도 불구하고 일관된 하나의 이야기를 전하고 있으니 경이롭기까지 하다.

게다가 성경은 매우 신뢰할 만하고 정확하며, 성취된 예언으로 가득하다. 우리가 아는 세계사의 특정 사건들은 몇 안 되는 역사 문헌에 근거한 것이다. 그런데 헬라어 신약 성경의 전부 또는 일부가 남아 있는 사본이 5,000개가 넘으며, 매년 더 많은 사본이 발견되고 있음에도 불구하고, 그중 어느 하나 때문에라도 성경을 대대적으로 수정해야 했던 적은 단 한 번도 없다.

성경에 기록된 역사와 지리의 정확성은 여러 차례 검증되었다. 그 정확성은 성경에 기록된 과거의 사건들뿐 아니라 성경이 예언한 미래의 사건들에도 동일하게 적용된다. 성경에 나오는 수천 가지 예언이 놀라울 정도로 정확히 이루어졌다. 특히 수백 년에 걸쳐 구약에 기록된 300여 개의 구체적 예언은 예수님의 생애와 죽음, 부활을 통해 세세한 부분까지 모두 성취되었다.

역사 속에서 성경을 비판하는 이들이 수없이 나타났다가 사라졌지만, 하나님의 말씀은 여전히 건재하다. 그럼에도 불구하고 일부 그리스도인은 성경의 권위를 의심해 일생 생활에서 성경을 가볍게 여긴다. 만약 성경이 진짜 하나님의 말씀임을 믿는다면, 우리가 어찌 매일 그 말씀을 소홀히 할 수 있겠는가?

#6 말씀을 공부하고 싶은 마음이 딱히 없어요

자신이 그리스도인이라고 말하는 사람 가운데 많은 이는 단지 하나님의 말씀을 배우고자 하는 강한 의욕이 없다. 어쩌면 당연한 일이다.

데이트를 시작한 뒤로 헤더의 집에 처음 가서 저녁 식사를 한 날이 기억난다. 우리 집에서는 아버지가 해산물을 싫어하는 바람에 아무도 해산물을 먹지 않았다. 그때까지만 해도 나 역시 해산물이라면 냄새조차 맡기 싫었는데, 그날 저녁 메뉴가 하필 해산물 요리였다.

냄새만 맡아도 괴로웠지만 헤더 가족에게 좋은 인상을 주고 싶은 마음에 남기지 않고 깨끗이 다 먹었다. 헤더의 가족들은 내가 해산물을 좋아한다고 확신했고, 그 뒤로 함께 식사할 때마다 나를 위해 일부러 해산물 요리를 차려 냈다. 덕분에 이제 나는 해산물을 좋아하고 또 잘 먹는다. 왜일까? 아내를 얻기 위해서라도 해산물을 즐겨 먹는 법을 배워야 했기 때문이다!

실제로 내 미각이 달라졌다. 먹을수록 해산물이 더 맛있어졌다. 내 생각에, 우리가 하나님의 말씀을 사모하지 않는 이유는 워낙 우리의 미각이 세상 것들에 길들여져 있기 때문이다. 날마다 4-5시간 동안 스크린으로 받는 세상 메시지의 잡다한 칼로리로 헛배를 채우다 보니, 하나님의 말씀에 갈급하지 않은 탓이다. 하지만 우리가 시간을 들여, 세상이 내놓는 온갖 시시한 부스러기 대신 성경의 진수성찬을 맛본다면 어떻게 될까? 미각이 달라지지 않을까?

"저는 하나님의 말씀을 배우고 싶은 마음이 딱히 없고, 어떻게 해야 그런 의욕이 생기는지도 모르겠어요." 누가 내게 이렇게 말할 때마다 내가 부드럽게 건네는 조언은 늘 이것이다.

"하나님의 말씀을 읽으세요."

확신컨대, 마음속에 성령이 거하시는 사람이 날마다 성경을 올바른 방법으로(잘못된 방법은 다음 장을 참조하라) 읽으면 영적 미각이 완전히 달라진다. 하나님의 말씀이 이 세상 그 무엇보다 무한히 뛰어나다는 것을 깨닫게 될 것이며, 다음 구절이 진리로 깊이 와닿을 것이다.

> 여호와의 율법은 완전하여 영혼을 소성시키며
> 여호와의 증거는 확실하여 우둔한 자를 지혜롭게 하며
> 여호와의 교훈은 정직하여 마음을 기쁘게 하고
> 여호와의 계명은 순결하여 눈을 밝게 하시도다
> 여호와를 경외하는 도는 정결하여 영원까지 이르고
> 여호와의 법도 진실하여 다 의로우니
> 금 곧 많은 순금보다 더 사모할 것이며
> 꿀과 송이꿀보다 더 달도다
> 또 주의 종이 이것으로 경고를 받고
> 이것을 지킴으로 상이 크니이다.
>
> ◦ 시편 19편 7-11절

오늘, 성경 공부를 미루는 모든 핑계를 버리기로 결단하라. 당신을 창조하신 분은 당신을 지극히 사랑하시어, 초자연적인 능력으로 말씀을 감화하셨다. 그 말씀을 통해 그

분이 누구신지, 그리고 당신이 어떻게 그분과 교제하며 풍성하고 영원한 생명을 누릴 수 있는지를 보여 주신다. 하나님의 말씀은 세상 어떤 것과도 비교할 수 없다. 하나님의 말씀은 완전하고, 확실하고, 정직하고, 순결하며, 정결하고, 진실하고, 의롭다. 억만금보다 더욱 값지고 최고급 식단보다 더욱 알차다.

우리가 살아가는 타락한 이 세상은 이루어지지 않은 소원, 무산된 기대, 깨진 관계, 공허한 추구, 덧없는 쾌락, 고통, 슬픔, 불안, 우울, 절망, 두려움, 낙심으로 가득하다. 영원한 기쁨, 삶을 변화시키는 경외심, 하늘에서 오는 지혜, 죽음에 맞서는 용기, 끝없는 평안, 형언할 수 없는 사랑을 누리고 싶지 않은가? 하나님의 말씀을 깊이 연구하라.

말씀을 듣고 순종하는 자에게 그분은 이 모든 상은 물론이고 그 이상까지도 보장하신다. 이 땅에서부터 영원에 이르기까지 우리의 모든 삶은 하나님의 말씀에 귀 기울이고 반응하는 데 달려 있다.

기도하기, 마음 다해

하나님, 제가 하나님의 말씀을 공부하는 법을 배우지 않아
날마다 하나님의 상을 놓치는, 이름뿐인 '신앙생활'에
안주하지 않도록 도와주소서

묻고 답하기, 진실하게

○ 이 책을 통해 배우고 싶은 것이나 달라지고 싶은 부분은 무엇인가?

○ 그리스도인들이 성경을 읽거나 공부하지 않는 이유로 흔히 이야기하는 여섯 가지 중 당신이 평소에 생각하거나 말해 본 내용이 있는가? 두 가지 이상이라면, 그중 가장 공감하는 이유는 어떤 것인가?

○ 그 이유가 특히 맞다고 생각하는 까닭은 무엇인가?

○ 당신이 성경을 읽는 데 쓰는 시간과 스크린을 보는 데 쓰는 시간을 비교해 보라. 가장 먼저 떠오르는 생각은 무엇인가?

○ 이 땅에서부터 영원에 이르기까지 우리의 모든 삶이 하나님의 말씀에 귀 기울이고 반응하는 데 달려 있다는 말에 대해 어떻게 생각하는가?

chapter 2.

성경, 이런 태도로 읽으면 위험하다

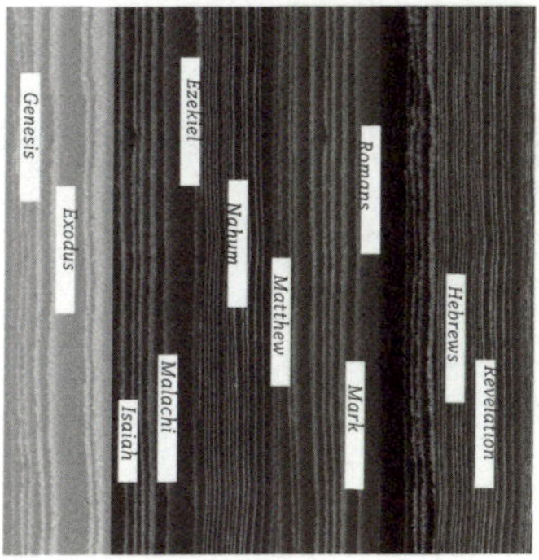

앞 장에서 소개한 내 편지를 헤더가 받은 순간을 상상해 보라. 그런데 그 글을 이해할 만한 맥락이 그녀에게 전혀 없었다면? 누가 보낸 편지인지 몰랐다면 "어이"라는 말이 내가 의도한 애정이나 우정의 호칭이 아니라 모욕으로 느껴졌을 수 있다. "그리움이 사무친다고나 할까"라는 말도, 그녀와 함께했던 시간이 내게 그만큼 소중하고 즐거웠다는 뜻으로 전해지지 않았을지도 모른다. 이러한 맥락과 이해가 없었다면 내 편지는 오히려 우리 둘의 관계에 부정적 영향을 미쳤을 수 있다.

마찬가지로 하나님의 말씀도 맥락과 배후 의미를 제대로 이해하지 못한 채 그냥 읽기만 해서는 충분치 않다. 성경을 읽으면서도 그분이 말씀하시는 요점을 놓칠 수 있다. 이 책의 제목은 "성경 읽는 법"이지만, 여기서 읽기란 단순히 눈을 움직여 지면의 단어를 훑는다는 뜻이 아니다. 우리가 성경을 공부하려는 이유는 하나님이 하시는 말씀을 제대로 이해하기 위해서다.

그런 측면에서, 우리는 성경의 내용을 은근히 오해할 수 있는 읽기 방식이 있음을 인식해야 한다. 그런 오해는 하나님과의 관계뿐 아니라 우리 삶에도 실제로 해를 끼칠 수 있기 때문이다. 특히 성경을 읽을 때 반드시 경계해야 할 몇 가지 위험한 접근법이 있다.

주의하지 않으면 우리는 성경을 대할 때 무조건 내게 특정한 감정이 들게 해 줄 말씀만 찾으려 할 수 있다. 예를 들면 하루를 견디게 해 줄 가볍고 용기를 북돋우는 내용을 찾는 것이다. 성경에서 힘을 얻으려는 것이 물론 잘못은 아니다. 시편 19편 11절에도 나와 있듯이 마땅히 우리는 성경에서 상을 구해야 한다. 그러나 솔직히 말해서 어떤 성경 구절은 가볍고 용기를 북돋우는 데 반해 무겁고 부담스러운 구절도 있다.

예를 들어 구약에서 이사야나 요엘 같은 선지서를 읽다 보면, 인간의 죄성을 드러내며 하나님의 심판을 경고하는 대목이 나온다. 이런 본문에서 힘을 얻어 심기일전하기는 쉽지 않다. 비슷하게 욥기와 전도서와 예레미야애가와 일부 시편을 읽노라면 당신도 본문처럼 슬프거나 비통에 잠길 것이다. 성경에서 기분 좋은 말씀만 찾으려 하면, 이런 부분을 건너뛰거나 실제를 왜곡해서 해석할 수밖에 없다.

성경의 가장 아름다운 특징 가운데 하나는 인간의 모든 감정에 솔직하게 직면한다는 것이다. 성경은 행복과 불행, 기쁨과 슬픔, 평안과 고통, 성공과 고뇌, 승리와 패배, 삶과 죽음 그 어느 쪽도 외면하지 않는다. 이 모두가 우리에게

익숙한 것이며 우리를 예수님께로 이끌어 준다. 그래서 본문에 우리의 기대나 감정을 덧씌우지 않는 게 중요하다. 각 본문을 있는 그대로 두면, 타락한 세상에서 당신이 느끼는 날것 그대로의 다양한 감정에 조응하는 본문이 반드시 있게 마련이다.

실용적 접근법　내게 가장 요긴한 말씀은 무엇인가?

정서적 접근법과 비슷하게 우리는 성경을 대할 때 내 삶을 가장 요긴하게 떠받쳐 줄 듯한 말씀만 찾으려 할 수 있다. 그 과정에서 하나님의 말씀을 왜곡해 내가 듣고 싶은 말만 듣는 것이다. 예를 들어 하나님의 까다로운 명령일랑 대충 얼버무린 채 위안이 되는 약속에만 치중할 수 있다. 어떤 명령이 내 마음에 들고 어떤 명령이 내키지 않는지도 스스로 정한다.

하지만 성경을 그런 용도로 읽어서는 안 된다. 세상 어떤 책을 대할 때와도 다르게 우리는 성경을 존중해야 한다. 성경에는 우리 삶을 주관하는 권위가 있기 때문이다. 저울질할 대안을 찾으려는 자세로 성경을 펴서는 안 된다. 믿어야 할 진리, 의지해야 할 약속, 순종해야 할 명령을 찾는 자세로 읽어야 한다.

성경을 읽으려고 펴기 전에 이렇게 기도해야 한다. "하나님, 하나님의 말씀이 제 삶의 길잡이입니다. 하나님이 뭐라고 말씀하시든 그대로 믿고 따르겠습니다. 이 땅에서부터 영원에 이르기까지 무엇이 제 삶에 가장 좋은지를 하나님이 아시기 때문입니다." 이렇게 기도하고 그 믿음대로 실천하면, 당신의 인생관에 하나님의 말씀을 꿰맞추는 왜곡을 하지 않게 된다. 오히려 그분의 말씀을 통해 당신의 삶이 변화된다. 당신의 삶을 향한 그분의 목적대로 되는 것이다.

영적 접근법 깊이 숨어 있는 나만의 말씀은 무엇인가?

때로 우리는 지금껏 그 누구에게도 계시되지 않은 새로운 통찰을 얻으려고 하나님의 말씀을 읽는다. 물론 이 마음이 전적으로 잘못된 것은 아니다. 본문에서 하나님이 하시는 말씀을 빠짐없이 이해하고 싶은 것은 당연하다. 하지만 예로부터 수많은 그리스도인이 동일한 말씀을 이미 공부한 데다, 기독교 역사는 당신이라는 개인이 무대에 등장해 새로운 무엇을 찾아내 주기만을 기다려 오지도 않았다.

내 삶에만 특별히 적용되는 무언가를 굳이 찾아내려

하면, 이번에도 우리는 결국 하나님의 말씀을 본뜻과 다르게 곡해할 수 있다. 성경을 읽으면서 이렇게 생각할 수 있다. '좋아, 처음 읽을 때는 이런 뜻 같지만 나는 여기서 더 깊이 들어가고 싶어.' 그렇게 본문을 분석해 결국 지금의 자신에게 의미를 끼워 맞추는 것이다.

말씀의 의미를 찾을 때는 이미 명백히 드러나 있는 의미로 만족하자. 우리가 허다한 무리의 일원임에 만족하고 기뻐하자. 지금까지 그들은 동일한 약속과 권면과 책망과 명령과 영원한 진리를 듣고 믿고 순종했고, 하나님은 예나 지금이나 이 모든 말씀을 주셔서 자기 백성의 선을 이루신다.

피상적 접근법　이 말씀이 내게는 어떤 의미인가?

마지막으로 이야기할 피상적 접근법은 모든 성경 본문에서 개인적인 의미를 찾는 것에 초점을 맞추기 때문에, 우리가 앞서 살펴본 나머지 접근 방식들을 포괄한다. 이 접근법은 사실 그리스도인들 사이에서 아주 흔하다. 당신이 참석한 성경 공부나 소그룹에서 누군가 성경 본문을 읽은 다음 모두가 이 질문으로 토의에 들어가거든 놀라지 말라. "이 본문이 당신에게는 어떤 의미인가요?"

창세기 22장을 공부할 때 나오는 한 장면을 상상해 보라. 아들 이삭을 데리고 길을 떠난 아브라함이 하나님의 명령에 순종하여 아들을 제단에 눕히자 하나님이 즉시 숫양을 제물로 대신 채워 주신다. 그 대목에서 성경 공부반 인도자가 묻는다. "이 본문이 여러분 각자에게는 어떤 의미인가요?"

밥이 먼저 대답한다. "아브라함이 이삭과 그랬듯이 저도 아들과 더 자주 도보 여행을 해야 한다는 게 이번 장의 의미인 것 같습니다."

"좋아요, 밥…… 좋은 생각인 것 같군요." 모임 인도자가 말한다. "다른 분들은 어떤가요?"

이번에는 조가 나선다. "본문에 동물을 제물로 바쳐도 된다는 게 분명히 나와 있거든요. 그러니까 제가 보기에는, 채식주의자가 되어서는 안 된다는 뜻이죠." 그러자 조의 아내인 채식주의자 메리가 이렇게 되받는다. "저한테는 이 본문이 그런 의미가 아닌데요. 제가 남편을 제물로 바쳐야 한다는 뜻인 것 같은데요!"

물론 지금 내가 한 이야기에는 과장이 섞여 있다. 그러나 소그룹이 둘러앉아 '이 말씀이 내게는 어떤 의미인가?'라는 질문으로 성경 공부에 접근할 때마다, 우리의 대화는 금세 본문의 실제 의미는 쏙 빼놓고 아무거나 다 나누는 자리로 굳어질 수 있다.

성경을 대할 때 우리가 일차로 던져야 할 질문은 '이 말씀이 내게는 어떤 의미인가?'가 아니다. 그보다는 '이 본문에서 하나님이 무엇을 말씀하고 계신가?'를 물어야 한다. 이 말씀이 특정 누군가에게 어떤 의미인지에 주목할 것이 아니라, 오직 하나님이 모든 사람에게 어떤 뜻으로 말씀하셨는지를 살피는 데 집중해야 한다.

그러면 이런 반문이 나올 수 있다. "하지만 같은 구절이라도 사람마다 얼마든지 의미가 다를 수 있지 않나요?" 물론 적용 단계에서는 각자가 처한 삶의 상황에 따라 같은 구절이 다르게 적용될 수 있다. 그러나 본문의 의미는 늘 같으며, 성경 공부의 관건은 더도 말고 덜도 말고 하나님이 뜻하신 바를 파악하는 것이다.

4단계 성경 읽기 지도, MAPS

내 편지를 받은 헤더는 내가 의도한 의미를 파악하고자 최선을 다했다. 성경 본문을 읽는 우리의 목표도 하나님이 의도하신 의미를 파악하는 데 있다. 이를 위해 하나님의 말씀을 제대로 공부하기 위한 네 단계의 지침을 소개한다. 기억하기 쉽게 머리글자를 따면 MAPS(지도)가 된다.

M — 묵상하고 암송하라(Meditate & Memorize)

A — 적용하라(Apply)

P — 기도하라(Pray)

S — 나누라(Share)

보물 지도를 상상해 보라. 이 지도를 따라가면 당신은 말씀을 통해 하나님과 친밀해지는 상을 얻는다. 이 네 단계의 지침에 힘입어, 날마다 하나님의 말씀에서 많은 보물을 얻기를 바란다. 시편 기자는 그것을 이렇게 표현했다. "나는 많은 보화를 얻은 것처럼 주의 말씀을 기뻐합니다"(시 119:162, 현대인의성경).

MAPS를 구체적으로 살펴보기 전에 당신에게 일러두고 싶은 것이 있다. 하나님의 말씀을 공부하는 여정에서 당신은 혼자가 아니다. 하나님의 말씀이 기록되던 1,500년 동안 성경을 감화하신 성령이 오늘 말씀을 펴는 당신과 함께 계신다. 성경의 저자이신 그분은 당신과 함께 계실 뿐 아니라, 겸손히 그분을 의지하는 당신에게 말씀을 깨닫게 해 주실 것을 약속하셨다. 얼마나 가슴 벅찬 일인가! 성경 읽기는 하나님이 성령을 통해 당신에게 직접 말씀하시는 진정 초자연적인 활동이다. 하루 일과 중 그 어떤 일보다 이 활동이 더 중요하다. 그러니 제대로 하는 법을 배워 보자.

기도하기, 마음 다해

하나님, 성령으로 저를 도우사, 날마다 주의 말씀을
겸손하고 신중하며 올바르게 공부하게 하소서.
그 말씀 속에서, 많은 보화를 얻은 사람처럼
순전한 기쁨을 누리게 하소서.

묻고 답하기, 진실하게

○ 성경을 정서적 접근법, 곧 '내 느낌에 좋은 말씀은 무엇인가?'의 관점으로 읽는 것은 당신의 영적 성장과 성숙을 어떻게 방해하겠는가?

○ "하나님, 하나님의 말씀이 제 삶의 길잡이입니다. 하나님이 뭐라고 말씀하시든 그대로 믿고 따르겠습니다. 이 땅에서부터 영원에 이르기까지 무엇이 제 삶에 가장 좋은지를 하나님이 아시기 때문입니다." 이 기도를 매일 드리

는 것은 성경을 실용적 접근법, 곧 '내게 가장 요긴한 말씀은 무엇인가?'라는 관점으로 읽지 않는 데 어떤 도움이 되겠는가?

○ 성경을 이 책에서 말한 영적 접근법, 곧 '깊이 숨어 있는 나만의 말씀은 무엇인가?'의 관점으로 읽으면 어떻게 하나님 말씀의 의미를 왜곡하고 잘못 전하게 되겠는가?

○ 어떻게 하면 성경을 피상적 접근법, 곧 '이 말씀이 내게는 어떤 의미인가?'의 관점으로 읽지 않고, 하나님이 실제로 말씀하시는 뜻에 충실하게 읽으면서도 성경을 개인적으로 적용할 수 있겠는가?

HOW TO

Read the Bible

Part 2.
오늘부터 성경 읽기, 저자의 의도대로

지혜롭고 명쾌한 지도(MAPS)를 따라

Maditate and Memorize

1단계 * I

하나님 말씀을 묵상하고 암송하라

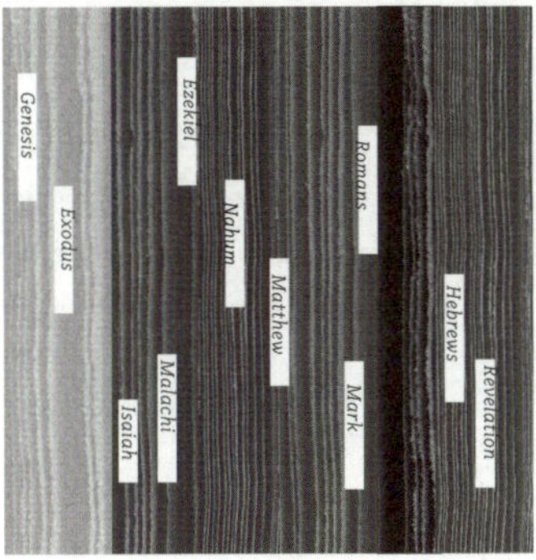

앞서 나는 '하나님과 나누는 사랑의 관계'라는 렌즈를 통해 성경 읽기의 중요성을 부각하고자 했다. 미래의 아내에게 쓴 내 서툰 편지의 예화가 그 부분에 도움이 되었기를 바란다. 마지막으로 하나 더 제시할 예도 목표는 같은데, 다만 이번에는 내가 받은 헤더의 편지를 내 관점에서 나누려 한다. 편지를 주고받던 때가 아직도 생생하다. 단어 하나하나마다 무슨 의미일지 궁금해하며 탐독하던 시절 말이다(당시 헤더에게 받은 편지를 읽으며 느꼈던 내 심정을 중간중간 해설로 덧붙였다).

친애하는 데이비드에게.

ㄴ 무슨 뜻으로 친애한다고 썼을까? 편지를 쓸 때 으레 시작하는 말이라 그렇게 썼을까? 아니면 내가 그녀에게 정말 소중한 사람이었나? 나를 좋아하는 것 같긴 한데.

오늘 하루도 잘 지냈겠지? ☺

ㄴ 문장 끝에 웃는 이모티콘을 왜 그렸지? 그녀의 미소를 떠올리며 계속 읽는다.

널 위해 기도하고 있어.

ㄴ 잠시 멈추어 생각한다. 나를 위해 뭐라고 기도할까? 다른 사람을 위해 기도하듯 기도할까? 아니면 미래의 남편을 위한 기도일까?

짤막한 편지였지만, 다 읽는 데는 꽤 오랜 시간이 걸렸다. 단어 하나, 문장 하나도 그냥 흘려보내지 않고 마음에 붙들어 두며, 그녀의 말 속에 담긴 생각과 감정, 그 진짜 뜻을 헤아리느라 몇 번이고 곱씹었기 때문이다. 집착이라 말해도 어쩔 수 없다. 사랑에 빠져 버렸으니!

바로 그 점이 핵심이다. 누군가를 사랑하면 상대방 말에 쉬이 빠져들어 단어 하나하나까지도 계속해서 곱씹게 마련이다.

읽기와 묵상의 차이

성경 읽기와 성경 묵상은 확연히 다르다. 성경을 읽을 때는 지면상 단어를 그냥 보거나 낭독할 뿐이지 멈추어 의미를 생각하지는 않는다. 우리의 성경 읽기의 목표는 단순히 읽기 표에 체크하기 위함일 때가 너무 많다. 후다닥 읽고 나서 얼른 다른 일로 넘어가기도 한다. 주의를 기울이지 않으면 성경을 패스트푸드 가게처럼 대할 수 있다. 빨리 들어갔다 나올 생각뿐이지 음식의 질에 대한 기대는 아주 낮아지는 것이다.

묵상은 다르다. 성경을 묵상할 때는 읽은 내용을 깊이

생각하면서 어떤 의미일지 기도하는 마음으로 되새긴다. 제대로 밥상을 차려 놓고 느긋하게 앉아서 먹는 것과 같다. 핵심은 한 입씩 떠 넣으며 천천히 음미하는 데 있다. 이 음식이 기력을 보충해 줌은 물론이고 만족을 더해 주리라는 것을 알기 때문이다.

하나님은 우리에게 그분의 말씀을 읽을 뿐 아니라 주야로 묵상할 것을 명하신다. 시편 말씀은 이렇게 시작한다.

> 복 있는 사람은
> 악인들의 꾀를 따르지 아니하며
> 죄인들의 길에 서지 아니하며
> 오만한 자들의 자리에 앉지 아니하고
> 오직 여호와의 율법을 즐거워하여
> 그의 율법을 주야로(밤낮으로, 새번역) 묵상하는도다
> 그는 시냇가에 심은 나무가
> 철을 따라 열매를 맺으며
> 그 잎사귀가 마르지 아니함 같으니
> 그가 하는 모든 일이 다 형통하리로다.
>
> 시편 1편 1-3절

여호수아서에도 비슷한 장면이 나온다. 하나님이 여호

수아에게 이런 지침을 주신다.

> 이 율법 책을 네 입에서 떠나지 말게 하며 주야로 그것을 묵상하여 그 안에 기록된 대로 다 지켜 행하라 그리하면 네 길이 평탄하게 될 것이며 네가 형통하리라.
>
> • 여호수아 1장 8절

이 땅에서부터 영원에 이르기까지 길이 남을 열매 맺는 삶을 살고 싶은가? 참되고 영원한 평안과 형통을 누리고 싶은가? 그렇다면 밤낮으로 시간을 내서 하나님의 말씀을 묵상하라.

성경 읽기 표

어디서부터 시작해야 할까? 우선 일일 성경 읽기 표를 마련하는 것이 좋다. 그날그날 무작위로 성경을 펼쳐 읽기보다는 하나님의 말씀 전체를 차근차근 읽어 나갈 수 있는 계획을 세우기를 적극 권한다. 예수님을 따르는 이들이 쓰는 방법이 이미 많이 나와 있고, 당신이 직접 세워도 된다.

내 경우는 거의 200년 전에 로버트 머리 맥체인이 개발

한 성경 읽기 표를 활용한다.* 하루에 두 장씩(대개 구약 한 장에 신약 또는 시편 한 장씩) 읽어 2년에 구약은 한 번, 신약과 시편은 두 번 통독한다. 여러 해 전부터 아내와 나는 매일 하나님을 만나는 시간에 이 읽기 표를 사용했는데, 하나님과의 관계와 더불어 우리 둘의 관계도 몰라보게 달라졌다. 지금은 우리 아이들 중 여럿이 우리 부부와 함께 이 계획에 따라 말씀을 읽고 있고, 우리 교회 식구들도 이 읽기 표를 사용해 왔다. 이 읽기 표는 말씀을 통해 하나님과 동행하는 사람들과 공동체를 이루는 데도 아주 유익하다.

성경을 정확히 번역한 좋은 주석 성경을 마련할 것도 권한다. 주석 성경에는 구절마다 설명이 달려 있어 본문의 맥락과 의미를 이해하는 데 도움이 된다.** 성경의 역사와 문화와 원어를 우리보다 훨씬 깊이 공부한 그리스도 안의 형제자매에게 도움을 받는 것은 지혜로운 일이다.

사용하는 성경 역본이나 읽기 표가 무엇이든 관계없이, 하루에 한 번이나 여러 번(시편 1편 2절에 나오는 대로 주야로)

---

* 온라인에서 '맥체인 성경 읽기 표'를 검색하면 나온다. D. A. 카슨도 이 성경 읽기 표의 자매편으로 *For the Love of God*(하나님을 사랑하기 위하여)이라는 두 권짜리 탁월한 묵상집을 펴냈다. 내가 여러 해째 거의 매일 사용하고 있는 이 성경 읽기 표를 당신에게도 적극 추천한다.

** 나는 ESV 주석 성경을 사용하고 있는데, 당신이 쓰는 언어로 번역되어 있다면 이를 적극 추천한다.

시간을 정해 놓고 하나님의 말씀을 묵상하라. 어떻게 묵상해야 할까? 듣고, 보면 된다.

듣기

하나님의 말씀을 묵상하는 것은 말씀을 깊이 생각하며 세심하게 귀 기울이는 데서 시작된다. 성경을 대할 때 우리는 미래의 아내에게 받은 편지를 읽던 나보다 훨씬 더 호기심을 품고 다양한 질문을 던져야 한다. 어떤 본문을 읽든 우리가 던져야 할 기본 질문은 다음과 같다(본문에 따라 해당되지 않는 질문도 있다).

누가?

+ 이 본문을 누가 썼는가?
+ 원래의 청중은 누구인가?
+ 주요 등장인물은 누구인가?

무엇을?

+ 본문에서 무슨 일이 벌어지고 있는가?
+ 잘못이 지적되어 있다면 무엇인가?

+ 성경 기자가 하려는 말은 무엇인가?

언제?

+ 이 본문은 언제 기록되었는가?
+ 본문의 사건은 언제 일어났는가?

어디서?

+ 성경 기자는 어디에 있는가?
+ 원래의 독자는 어디에 있는가?
+ 본문의 사건이 발생한 곳은 어디인가?

왜?

+ 성경 기자는 이 본문을 왜 썼는가?
+ 왜 사건이 이렇게 전개되었는가?
+ 성경 기자는 단어를 왜 이렇게 배열했는가?
+ 이 본문은 왜 중요한가?

어떻게?

+ 성경 기자는 이야기나 생각이나 요점을 어떻게 전달하는가?
+ 본문은 어떻게 전개되는가?

+ 본문의 어조는 어떤가?
+ 성경 기자는 이 말씀으로 원래의 수신자에게 어떤 영향을 미치려 했는가?
+ 원래의 수신자는 이 말씀에 어떻게 반응했을까?

보기

이런 질문에 답하려면, 하나님의 말씀을 묵상할 때 세세한 것 하나하나까지 다 눈여겨봐야 한다. 예를 들어 다음 그림을 보고 정사각형이 몇 개나 보이는지 세어 보라.

처음에는 16개가 보일 것이다. 그러나 계속 보다 보면 점점 개수가 늘어나 마침내 30개가 다 눈에 들어올 것이다.

성경을 묵상할 때도 이와 비슷하게 본문의 단어, 어구, 문장, 개념을 자세히 들여다봐야 한다. 그래야 이것과 저것이 서로 어떻게 맞물리는지 알 수 있다. 구체적으로 살펴야 할 것은 다음과 같다.

+ 강조해서 반복하는 단어나 어구나 개념
+ 단어나 어구나 개념이 서로 연결되는 방식(그리고, 그러나, 그래서, 그리하여, ~을 통해, 그러므로, 때문에 등)
+ 비교나 대조
+ 원인과 결과
+ 명령이나 조건이나 약속이나 진리
+ 성경 기자의 논리 전개나 이야기의 흐름

이렇게 듣고 보면서 당신이 관찰하고 생각한 내용(묵상)을 기록하면 좋다.

또 하나 명심할 점은 이렇게 듣고 보려면 시간이 걸리니 마음을 느긋하게 먹어야 한다는 것이다. 묵상이 잘 차려진 식사와 같다는 사실을 잊지 말라! 다른 예를 들자면, 당신이 강에서 천천히 래프팅을 한다고 상상해 보라. 강은 우뚝 솟은 산이나 깊은 협곡 사이를 흐른다. 잠시 멈추어 풍경을 보고 들리는 소리에 귀를 기울이라. 모든 경이로움을 한껏 들이마시며 음미해 보라.

세 가지 중요한 질문

앞서 제안한 방식대로 듣고 보며 본문을 다 통과했다면, 이제 한 걸음 물러나 다음 세 가지 중요한 질문으로 본문의 의미를 묵상하라.

1. '하나님이 어떤 분이시고 어떻게 일하시는지'에 대해 이 본문이 가르쳐 주는 것은 무엇인가?
2. '우리가(또는 더 개인적으로 내가) 어떤 존재이고 어떻게 살아야 하는지'에 대해 이 본문이 가르쳐 주는 것은 무엇인가?
3. '예수님이 어떤 분이시고 우리에게(또는 내게) 그분이 왜 필요하며 그분을 따른다는 것이 어떤 의미인지'에 대해 이 본문이 가르쳐 주는 것은 무엇인가?

지금까지 제시한 이 모든 방식으로, 그분의 말씀을 주

야로 묵상하자. 하나님과 사랑의 관계를 맺고 예수님을 따르는 사람으로서 말이다. 왜 묵상해야 할까? 우리 영혼이 하나님의 음성을 듣고 그분의 말씀에 흠뻑 젖기를 간절히 갈망하기 때문이다.

기도하기, 마음 다해

하나님, 제가 하나님의 말씀을 즐거워하여
날마다 묵상하도록 저를 인도해 주소서.

묻고 답하기, 진실하게

○ 나와 아내가 주고받은 편지 예화를 떠올려 보라. 성경을 하나님의 러브레터로 여기면 왜 말씀을 형식적으로나 의무감으로 읽지 않고 마음 다해 깊이 묵상하게 되겠는가?

○ 날마다 시간을 정해 성경 읽기 표를 꾸준히 따라가면서 읽는 습관은, 하나님의 말씀을 더 계획적이고 의도적으로 묵상하는 데 어떤 도움이 되겠는가?

○ 성경을 묵상할 때 '누가, 무엇을, 언제, 어디서, 왜, 어떻게'라는 질문을 적용하는 것은, 하나님의 말씀을 깊이 생각하고 세심하게 살피는 데 어떤 도움이 되겠는가?

○ 날마다 성경을 묵상할 때 이 장에서 소개한 '듣기'와 '보기'를 함께 실천하면, 시간이 지나면서 어떤 유익을 경험하게 되겠는가?

○ 당신이 읽은 성경 본문이 '하나님'과 '당신' 그리고 '예수님'에 대해 무엇을 말해 주는지 답하는 것은, 그 말씀을 개인적으로 적용하는 데 어떤 도움이 되겠는가?

Maditate and Memorize

1단계 * II

하나님 말씀을 묵상하고 암송하라

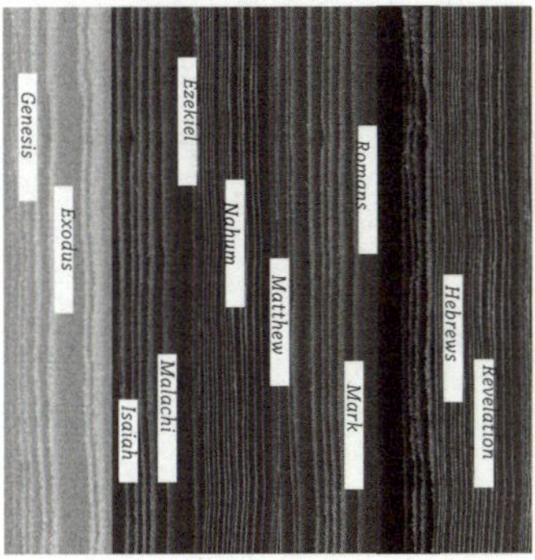

아프가니스탄과 파키스탄의 어린이들은 무슬림 학교에 다니면서 열세 살이 될 때까지 꾸란 전체를 암송한다. 많은 아이가 파슈토어나 우르두어 등 다른 언어를 쓰는데도 꾸란을 원어인 아랍어로 외운다. 소위 '신의 말씀'을 배우는 과정을 부모와 사회가 힘을 합해 전폭적으로 지원한다.

오늘날 교회 주일학교에서 아이들에게 신약성경 전체를 헬라어로 암송하게 한 다음 구약성경까지 히브리어로 외우게 가르치는 광경을 상상이나 할 수 있겠는가? 아마도 모두가 "그건 불가능해. 모국어로도 못할걸?" 하며 고개를 내저을 것이다.

그런데 문득 이런 생각이 든다. 무슬림 부모와 그 사회는 헌신적으로 아이에게 거짓 신의 말씀을 암송하게 하고, 아이들도 열심히 외우는데, 정작 참되고 유일하신 하나님의 말씀을 받은 우리 신앙 공동체의 모습은 어떤가?

암송은 하나님의 말씀을 묵상하고 하나님의 사랑을 깊이 체험하는 가장 강력한 방법 가운데 하나다. 그 사실을 선명하게 보여 주는 것이 이번 장의 목표다. 아울러 성경 암송을 생활화하도록 돕는 실천 방법도 함께 소개할 것이다.

암송은 묵상의 한 형태다

암송은 하나님의 말씀을 묵상하는 가장 실제적이고 유익한 방법 중 하나다. 암송은 하나님 말씀을 머릿속으로 되뇌고 때로는 입으로 소리 내어 반복하는 것이다. 그러다 보면 결국 말씀이 우리 안에 깊이 새겨져 제2의 본성이 된다. 시편 기자는 그것을 이렇게 표현했다.

> 내가 주께 범죄하지 아니하려 하여 주의 말씀을 내 마음에 두었나이다.
>
> • 시편 119편 11절

하나님과 동행하며 사는 데 도움이 되도록 그분의 말씀을 우리 마음에 두는 과정이 바로 암송이다.

"나는 뭘 잘 외우지 못하는데……." 이렇게 말할 사람도 있겠고, 그 말이 맞을 수도 있다. 당연히 암기력은 사람마다 다르다. 그러나 하나만 물어보자. 지금부터 내일 이 시간까지 당신이 성경을 한 구절 암송할 때마다 내가 1,000달러씩 준다면 어떤 일이 벌어질까?

최소한 몇 구절이라도 어떻게든 외울 것이다. "예수께서 눈물을 흘리시더라." 요한복음 11장 35절이다. 벌써 당신은 1,000달러를 벌었다. 이처럼 돈이 걸려 있다면 분명 당신도 상당히 많은 구절을 암송할 수 있다. 이제 이 시편 말씀을 들어 보라.

> 주의 입의 법이 내게는 천천 금은보다 좋으니이다.
>
> ▪시편 119편 72절

정말 이 말씀을 믿는가? 이것이 바로 진짜 질문이다. 중요한 것은 '내게 암기력이 있는가?'가 아니라, '돈과 하나님의 말씀 중에서 무엇이 내게 더 소중한가?'이다.

한 구절로 시작하라

하나님의 말씀이 돈이나 세상 무엇보다도 무한히 더 중요하다고 믿는다면, 이제 말씀을 당신의 마음에 둘 계획을 세울 것을 권한다. 간단한 목표로 시작하면 된다. 성경을 매일 묵상하는 과정에서 암송할 구절을 하나 정한 뒤 이렇게 시작해 보라.

1. 암송할 구절을 옮겨 적는다.

2. 그 구절을 의미 단위로 끊어 소리 내어 읽는다.
3. 처음 몇 단어를 여러 번 반복해서 읽는다.
4. 거기에 몇 단어를 더하고, 앞의 내용을 포함해 전체 구절을 여러 번 말한다.
5. 구절 전체를 안 보고도 말할 수 있을 때까지 이 과정을 계속한다.

이제 어느 정도 기초는 닦였다. 거기서 멈추지 말고 한 시간쯤 후에 그 구절을 다시 말해 보라. 안 되거든 다시 돌아가 될 때까지 복습하라. 한두 시간 후에 다시 외워 보고, 두세 시간 후에 또 외워 보라. 짬이 날 때마다 그 구절을 소리 내어 말하라. 온종일 그렇게 되풀이하다가 그날 당신 입에서 나오는 마지막 말로 그 말씀을 외우고 잠자리에 들라.

이튿날 아침에 깨서도 그 구절을 다시 말해 보라. 밤에 잠이 들 때까지 온종일 몇 번이고 되풀이하라. 그러다 보면 어느새 당신은 하나님의 말씀을 주야로 묵상하고 있다!

암송의 생활화

성경을 읽다가 만난 한 구절로 이런 과정을 일주일 동

안 계속하라. 그러다 다음 주가 되거든 다른 성경 구절로 똑같은 과정을 되풀이하라. 이전 주에 외운 구절을 틈틈이 복습하는 것도 잊지 말라.

어떤 때는 성경의 여러 본문이나 66권 각 책에서 한 절씩 골라 암송할 수도 있고, 또 두세 절이나 그 이상을 연달아 암송하고 싶을 때도 있다. 내 경우는 의미적으로 연결된 한 본문을 몇 절씩 이어서 외우는 게 더 쉽다. 흐름을 따라 외우는 게 더 자연스럽기 때문이다.

한 절씩 외우든 의미적으로 연결된 본문 전체를 외우든 성경을 오래 암송할수록 암기하는 힘이 점점 강해진다. 나중에는 성경 한 장 전체도 암송할 수 있게 된다. 지금의 당신에게는 그것이 무리이다 못해 거의 불가능해 보일 수 있지만, 하나님이 당신의 말씀 암송을 얼마나 돕고 싶어 하시는지를 과소평가해서는 안 된다.

우리 교회 식구들이 요한일서 1장을 함께 암송하던 때가 기억난다. 우리 교회의 한 형제는 성경을 장 단위로 암송해 본 적이 없는데도 열심을 다했다. 자신만 도전하지 않고 10대인 아들에게까지 동참을 권했다. 요한일서 1장 전체를 아버지와 아들이 함께 외운 것이다. 둘은 아침에 차를 타고 가는 동안 다음 절을 외우거나 앞 절을 복습해 가면서 마침내 1절부터 10절까지 다 외웠다.

그런데 예상치 못한 상황이 펼쳐졌다. 요한일서 1장 마지막 절 암송을 마친 아들이 아빠를 바라보며 "아빠, 이게 끝은 아니겠죠?"라고 말한 것이다. 아빠 역시 "그럼 안 되겠지?"라고 아들의 말을 맞받아쳤고, 그렇게 둘은 계속 외워 나가 결국 요한일서 전체를 암송했다. 이 여정이 그 아빠에게, 아들에게, 둘 사이의 관계에, 그들과 하나님과의 관계에 미친 영향은 말로 다 표현할 수 없을 정도다.

암송하려면 시간이 걸린다

성경을 암송하려면 당연히 시간이 걸리는데, 우리에게는 바로 이 시간이 있다! 당신의 하루 중에서 한가한 순간을 모두 떠올려 보라. 스마트폰을 볼 때도 있고, 쓸데없고 하찮은 일에 몰두할 때도 있을 것이다. 그런 순간을 조금이라도 아껴 성경을 묵상하고 암송한다면, 당신의 삶과 주변 사람들의 삶이 어떻게 달라지겠는가?

앞서 본 것처럼, 성경 말씀의 한 구절이나 단락, 또는 한 장을 정해 매번 조금씩 암송해 나가면, 일주일에 한 구절, 어쩌면 이틀에 한 구절씩도 외울 수 있다. 내가 자주 권하는 또 다른 암기법은 가끔 한 번씩 오로지 말씀 암송을 위해 30분이나 1시간, 혹은 2시간 정도를 따로 마련하는 것이다. 꾸준히 이런 시간을 내면 당연히 좋지만 사정상 여의치 않을 때도 있다. 횟수와 상관없이 그 시간에 TV 프로그램이나 영화 한 편을 본다고 생각해 보라. 그것들과 다른 점이라면 암송의 유익이 훨씬 크고 영원하다는 것이다.

집중할 시간을 따로 내어 방해 요소가 없는 한적한 곳으로 가라. 그리고 마음을 다해 성경을 최대한 많이 암송하라. 암송하는 분량이 몇 절이든, 의미적으로 연결된 한 본문이든, 한 장이나 한 권 전체든 상관없다. 그 시간을 당신의 마음속 깊이 성경 말씀을 새기는 데 쓰라.

그리고 두고두고 계속 되뇌면서 복습에 힘쓰라. 아침에 하루를 시작할 때, 산책하거나 운동할 때, 뭔가를 기다리거나 차 안에 앉아 있을 때, 양치질하고 잠자리에 들 때 등 틈틈이 복습하라. 집중할 시간을 따로 내거나, 평소 문자 메시지를 보내고 스마트폰을 훑어보는 자투리 시간을 활용해 보라. 하나님의 말씀을 내 마음에 얼마나 많이 담을 수 있는지 경험하고 깜짝 놀랄 것이다.

지금까지 살펴본 것처럼, 말씀을 통해 하나님과 친밀해지는 1단계는 묵상과 암송이다. 매일 하나님의 말씀을 한 대목이라도 묵상하고, 늘 조금이라도 말씀을 외우라. 묵상은 하나님의 놀라운 말씀을 듣고 보는 영적 습관이고, 암송은 말씀을 당신의 마음에 두는 것이다. 다음 장부터 보겠지만, 이렇게 하나님의 말씀을 묵상하고 암송하면 당신이 살아가는 방식, 기도하는 방식, 날마다 주변 사람들을 대하는 방식이 완전히 달라진다.

기도하기, 마음 다해

하나님, 날마다 하나님의 말씀을
제 마음과 생각에 두도록 도와주소서.
그리하여 모든 순간, 하나님과 동행하게 하소서.

○ 당신에게 성경을 암송할 능력이 충분히 있는데도 암송할 수 없다고 스스로 의심하게 만드는 흔한 장애물은 무엇인가?

○ 매주 한 절씩 성경 말씀을 암송하겠다는 결심은 당신의 영적 성장에 어떤 도움을 주겠는가? 또한 당신의 마음과 생각을 통해 하나님을 높이고 영광 돌리는 데는 어떤 영향을 미칠 것인가?

○ 성경을 함께 암송한 아버지와 아들의 간증에서 보듯이, 성경을 다른 사람과 함께 암송할 때 당신과 그 사람의 관

계는 어떻게 달라지겠는가?

○ 성경을 암송하는 습관은 당신이 한가한 시간에 찾아오는 유혹을 물리치는 데 어떤 식으로 도움이 되겠는가?

○ 성경 묵상과 암송에 따라오는 모든 복을 이제 더 잘 알았으니, 당신이 이 훈련을 실천하기 위해 취할 수 있는 실제적 조치는 무엇인가?

Apply

2단계. 삶의 모든 층위에 말씀을 적용하라

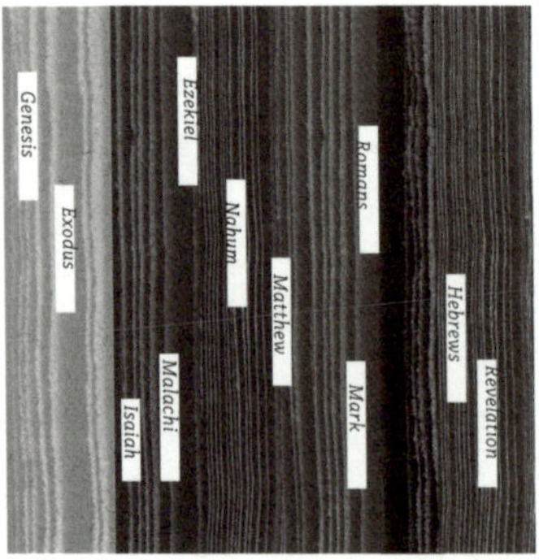

하나님의 말씀을 묵상하고 암송하면서도 정작 말씀의 요점을 놓칠 수 있을까? 물론이다!

하나님의 이 경고를 들어 보라.

> 너희는 말씀을 행하는 자가 되고 듣기만 하여 자신을 속이는 자가 되지 말라 누구든지 말씀을 듣고 행하지 아니하면 그는 거울로 자기의 생긴 얼굴을 보는 사람과 같아서 제 자신을 보고 가서 그 모습이 어떠했는지를 곧 잊어버리거니와 자유롭게 하는 온전한 율법을 들여다보고 있는 자는 듣고 잊어버리는 자가 아니요 실천하는 자니 이 사람은 그 행하는 일에 복을 받으리라.
>
> 야고보서 1장 22-25절

앞서 우리는 말씀을 듣고 보는 것의 중요성을 이야기했는데, 야고보서에서도 말씀을 듣고 들여다보는 것을 이야기한다. 그러나 거기서 그친다면 우리는 자신을 속이는 자가 되어, 성경의 요점을 완전히 놓치고 만다. 아니, 요점만 놓치는 정도가 아니라 영생을 잃는다. 예수님이 그렇게 말씀하셨다.

> 나더러 주여 주여 하는 자마다 다 천국에 들어갈 것이 아니

요 다만 하늘에 계신 내 아버지의 뜻대로 행하는 자라야 들어가리라 그날에 많은 사람이 나더러 이르되 주여 주여 우리가 주의 이름으로 선지자 노릇하며 주의 이름으로 귀신을 쫓아내며 주의 이름으로 많은 권능을 행하지 아니하였나이까 하리니 그때에 내가 그들에게 밝히 말하되 내가 너희를 도무지 알지 못하니 불법을 행하는 자들아 내게서 떠나가라 하리라.

마태복음 7장 21-23절

보았는가? 예수님은 그분의 이름을 내세우는 많은 사람이 훗날 그분 앞에 서서 "내가 너희를 도무지 알지 못하니 내게서 떠나가라"라는 선고를 듣고 충격에 빠질 것이라고 말씀하신다. 이들은 말로는 예수님의 이름을 믿는다면서 정작 그분의 말씀대로 살지 않는 사람들이다.

우리가 아무리 하나님의 말씀을 묵상하고 암송한다 해도 그 말씀대로 살지 않는다면 마귀는 쾌재를 부른다. 말씀대로 살지 않으면 우리는 자신을 속일 뿐 아니라 반드시 영원히 멸망하고 만다. 물론 하나님의 말씀에 완전무결하게 순종하는 사람은 없으며, 우리도 자신에게 죄 없이 완벽해질 것을 기대해서는 안 된다. 그러나 하나님의 영이 내주하시는 이들이라면, 하나님의 말씀을 통해 삶이 점차 변화되고 있다는 증거가 나타나게 마련이다.

하나님의 말씀을 묵상하고 암송하면서 우리는 MAPS의 두 번째 단계로 나아가야 한다. 말씀을 통해 하나님과 친밀해지는 여정의 두 번째 단계는 바로 적용이다.

내 삶의 여러 층위(layers)

하나님의 말씀은 우리 삶에 어떻게 적용될까? 한 사람의 삶을 여섯 개의 동심원으로 그려 보자.

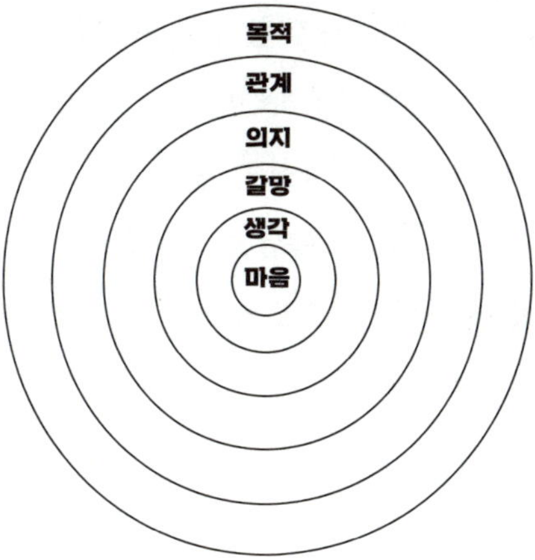

예수님을 따르는 우리의 정체성에서 핵심을 이루는 것은 새로운 '마음'이다. 성령이 우리 안에 사시면서 속속들이 모든 것을 변화시켜 주신다. 우리 안에 계시는 예수님의 영은 구체적으로 우리의 '생각'을 변화시켜 그분의 말씀에 맞게, 그분처럼 사고하게 하신다. 나아가 예수님은 우리의 '갈망'을 변화시켜 그분이 원하시는 것을 원하고 그분이 미워하시는 것을 미워하게 하신다. 우리의 생각과 소원이 예수님을 닮아 갈수록 성령이 우리의 '의지'를 변화시켜 예수님처럼 행하게 하시고, 이렇게 예수님처럼 살고 예수님처럼 사랑할수록 우리의 대인 '관계'도 달라진다. 이 모든 과정을 통해 예수님은 우리 삶의 최종 '목적'에 변혁을 일으키신다. 예수님을 따르고 이웃과 열방에 그분을 알리는 것이 우리의 가장 간절한 소원이 되게 하신다.

하나님의 말씀을 당신의 삶에 어떻게 적용해야 할지 고민이 되거든, 삶의 각 층위를 생각해 보라. 하나님의 말씀을 공부할 때 구체적이고도 실제적으로 여섯 가지 적용 질문을 던질 것을 권한다.

마음 — 이 본문은 어떻게 내 마음을 변화시켜 주는가?

하나님의 말씀에 주어진 모든 명령 가운데서 예수님이

우리에게 지목해 주신 "크고 첫째 되는 계명"은 이러하다.

> 네 마음을 다하고 목숨을 다하고 뜻을 다하여 주 너의 하나님을 사랑하라.
>
> 마태복음 22장 37절

그러므로 하나님의 말씀을 묵상할 때 우리는 이렇게 물어야 한다. '이 본문은 어떻게 나를 이끌어 하나님을 더 사랑하게 해 주는가?' 그런데 알다시피 하나님을 향한 우리의 사랑은 우리를 향한 그분의 사랑에서 흘러나온다. 그래서 질문은 이렇게 이어진다. '이 본문은 어떻게 나를 이끌어, 나와 그분의 교회와 주변 세상을 향한 그분의 사랑을 더 잘 알고 깨닫고 경험하고 누리게 해 주는가?'

생각 — 이 본문은 어떻게 내 생각을 변화시켜 주는가?

하나님의 말씀을 묵상하다가 만나는 진리와 약속, 명령과 지침, 책망과 교훈은 선과 악, 정의와 불의, 옳고 그름, 지혜와 어리석음에 대한 우리의 생각을 변화시킨다. 사도 바울은 그것을 이렇게 표현했다.

너희는 이 세대를 본받지 말고 오직 마음을 새롭게 함으로 변화를 받아 하나님의 선하시고 기뻐하시고 온전하신 뜻이 무엇인지 분별하도록 하라.

로마서 12장 2절

하나님의 말씀을 묵상할 때마다 우리는 멈추어 이렇게 물어야 한다. '오늘 하나님의 말씀을 본 결과로, 나는 하나님, 내 삶, 내 환경, 다른 사람들, 주변 세상, 미래에 대해 어떻게 생각해야 할까?'

갈망 ― 이 본문은 어떻게 내 소원을 변화시켜 주는가?

하나님의 율법을 즐거워하여 그것을 주야로 묵상한다고 한 시편 1편 말씀을 기억하는가? 그 장면을 시편의 다음 말씀과 연결해 보라.

또 여호와를 기뻐하라 그가 네 마음의 소원을 네게 이루어 주시리로다.

시편 37편 4절

우리가 하나님과 그분의 말씀을 즐거워할수록 그분은

우리 소원을 변화시켜 그분의 소원과 같아지게 하신다. 그러므로 본문을 묵상하고 나서 이렇게 스스로에게 물으라. '이 말씀을 읽은 결과로, 내 소원이 어떻게 달라져야 할까?'

의지 — 이 본문은 어떻게 내 행동을 변화시켜 주는가?

앞서 본 야고보서 1장에 하나님이 분명히 밝히셨듯이, 하나님의 말씀을 들여다보았으면 그대로 실천해야 한다. 예수님도 비슷하게 말씀하셨다.

> 너희가 나를 사랑하면 나의 계명을 지키리라.
>
> 요한복음 14장 15절

알다시피 우리는 다 하나님의 말씀대로 행하지 않으려는 유혹을 느낀다. 그러므로 구체적으로 이렇게 질문하자. '하나님의 말씀을 보고 들은 결과로, 오늘이나 이번 주에 내가 취해야 할 행동은 무엇일까?'

관계 — 이 본문은 어떻게 내가 다른 사람들을 대하는 방식을 변화시켜 주는가?

예수님은 모든 계명 중에 둘째로 큰 계명도 첫째 계명만큼 중요하다고 말씀하셨다.

> 네 이웃을 네 자신같이 사랑하라.
>
> 마태복음 22장 39절

하나님의 말씀을 묵상할 때 당신을 둘러싼 관계를 생각하라. 가정과 교회, 학교, 직장, 동네, 단체에서 당신이 맺고 있는 관계는 어떤가? 앞서 소개한 동심원의 관점에서 관계 이면의 모든 층위를 살펴보라. 당신은 다른 사람을 어떻게 생각하고, 어떻게 느끼며, 그들에게 어떻게 행동하고, 그들에게 또는 그들에 대해 어떻게 말하는가? 끝으로 이 질문에 답해 보라. '하나님의 말씀을 보고 들은 것을 바탕으로, 내가 사람들을 대하는 방식에 어떤 변화가 필요할까?'

목적 — 이 본문은 어떻게 내 삶을 변화시켜 하나님의 목적에 더 일치하게 해 주는가?

하나님은 당신이 이 세상에서 예수님을 따르며 이웃과

열방에 그분을 알리기를 바라신다. 예수님은 제자들에게 남기신 마지막 말씀에서 이 목적을 분명히 밝히셨다.

> 그러므로 너희는 가서 모든 민족을 제자로 삼아 아버지와 아들과 성령의 이름으로 세례를 베풀고 내가 너희에게 분부한 모든 것을 가르쳐 지키게 하라 볼지어다 내가 세상 끝날까지 너희와 항상 함께 있으리라.
>
> · 마태복음 28장 19-20절

예수님을 따르는 당신은 모든 민족을 제자로 삼는 사람이다. 그러므로 MAPS의 두 번째 단계인 말씀의 적용을 마무리할 때 이렇게 물으라. '이 본문은 어떻게 나를 돕거나 준비시키거나 의욕을 불러일으켜, 내 삶을 통해 다른 사람들에게 예수님을 알리게 해 주는가?'

정보 축적에서 삶의 변화로

이런 질문을 던지면서 하나님의 말씀을 적용하다 보면 점차 깨달아지는 게 있다. 성경 공부의 관건은 그저 머릿속에 정보를 더 쌓는 게 아니라 삶에서 초자연적인 변화를 체험하는 것이다. 하나님의 말씀을 묵상할수록 우리 삶은 하나님의 아들이신 예수님의 삶을 닮아 간다. 하나님과 더욱 친밀해질 뿐 아니라, 그분의 사랑이 절실히 필요한 세상에 그분의 형상을 더욱 분명히 드러내는 삶을 산다는 뜻이다.

기도하기, 마음 다해

하나님, 제가 하나님의 말씀을 듣기만 하여
자신을 속이는 자가 되지 않게 하소서.
성령의 능력으로 삶의 모든 층위에
하나님의 말씀을 적용하도록 도와주소서.

묻고 답하기, 진실하게

○ 우리가 성경을 단지 듣는 데 그치지 않고 실제로 삶에 적용해야 한다는 것을 하나님은 왜 그리 중시하시는가?

○ 다음은 예수님의 산상 설교 중에서 잘 알려진 본문이다. 이번 장에서 살펴본 여섯 가지 질문을 이 본문에 적용해 보자.

너희는 세상의 빛이라 산 위에 있는 동네가 숨겨지지 못할 것이요 사람이 등불을 켜서 말 아래에 두지 아니하고 등경 위에 두나니 이러므로 집 안 모든 사람에게 비치느니라 이같이 너희 빛이 사람 앞에 비치게 하여 그들로 너희 착한 행실을 보고 하늘에 계신 너희 아버지께 영광을 돌리게 하라.

마태복음 5장 14-16절

↘ 이 본문은 어떻게 내 마음을 변화시켜 주는가?

- 이 본문은 어떻게 내 생각을 변화시켜 주는가?

- 이 본문은 어떻게 내 소원을 변화시켜 주는가?

- 이 본문은 어떻게 내 행동을 변화시켜 주는가?

- 이 본문은 어떻게 내가 다른 사람들을 대하는 방식을 변화시켜 주는가?

이 본문은 어떻게 내 삶을 변화시켜 하나님의 목적에 더 일치하게 해 주는가?

○ 하나님의 말씀을 단지 지식으로 쌓는 것이 아니라, 당신의 삶을 변화시키는 계기로 삼으려면 어떻게 해야 할까?

Pray

3단계. 담대한 믿음을 품고 말씀대로 기도하라

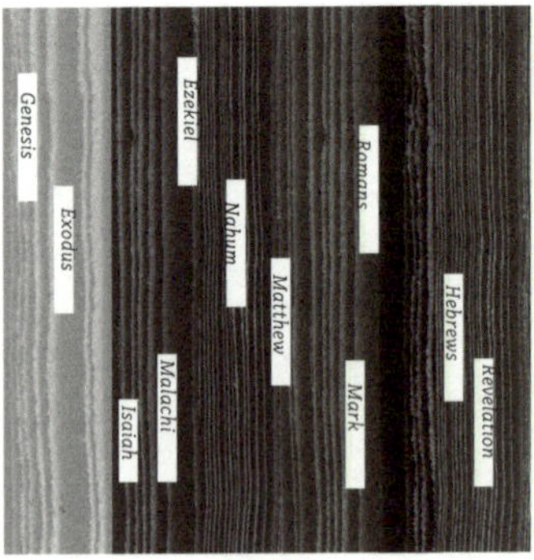

당신의 기도에 하나님이 당신의 바람대로 응답하지 않으신 적이 있는가? 이는 예수님을 따르는 모든 사람이 수없이 겪는 일이다. 하나님은 하나님이시고 우리는 인간이기 때문이다. 그분은 우리가 모르는 것을 아시고, 우리가 보지 못하는 부분을 보시며, 우리가 이해하지 못하는 일을 행하신다. 그래서 우리는 그분이 늘 우리 기도를 들으시고 그분의 능력과 지혜와 사랑에 따라 응답하실 것을 믿는다.

그런데 하나님이 응답을 보장하신 기도가 있다면? 그러면 당신의 기도 생활이 담대해질까? 하나님이 반드시 응답하시리라는 것을 알면 당신이 구하는 기도 제목이 더 많아질까? 예수님이 그분을 따르는 이들에게 주신 이 약속을 들어 보라.

> 너희가 내 안에 거하고 내 말이 너희 안에 거하면 무엇이든지 원하는 대로 구하라 그리하면 이루리라.
>
> 요한복음 15장 7절

성경 전체에서 내가 가장 좋아하는 구절 가운데 하나다. 우리가 예수님의 말씀대로 기도한다면 그분은 이 세상에서 우리 기도에 응답하실 것을 보장하신다.

성경 공부를 통해 하나님과 친밀해지는 세 번째 단계

는 바로 기도다. 여러 해째 나는 머리글자 PRAY(기도하다)를 기도 생활의 지침으로 삼고 있다.

P — 찬양하라(Praise)

R — 회개하라(Repent)

A — 구하라(Ask)

Y — 의탁하라(Yield)

말씀대로 기도하기 위한 네 가지 질문

하나님의 말씀을 묵상하고 암송하고 삶에 적용하는 과정에서 우리 기도는 그분의 말씀에 근거해야 한다. 그러면 그분이 응답하실 것을 확신할 수 있다. 구체적으로 다음 네 가지 질문을 던지자.

Praise 이 본문은 어떻게 나를 이끌어 하나님을 찬양하게 하는가?

무엇 하나라도 기도로 구하기 전에 우리는 기도의 주 목적을 기억해야 한다. 예수님이 그분을 따르는 이들에게 이른바 주기도문을 가르치시기 직전에 주신 말씀을 떠올려 보라.

> 또 기도할 때에 이방인과 같이 중언부언하지 말라 그들은 말을 많이 하여야 들으실 줄 생각하느니라 그러므로 그들을 본받지 말라 구하기 전에 너희에게 있어야 할 것을 하나님 너희 아버지께서 아시느니라.
>
> 마태복음 6장 7-8절

하나님이 우리에게 있어야 할 것을 이미 아신다니, 그러면 기도할 동기가 약해지지 않을까 생각될 수도 있다. 그러나 예수님의 이 말씀에는 우리가 절대로 놓쳐서는 안 될 아주 중요한 핵심이 담겨 있다. 즉 기도에서 가장 중요한 것은 뭔가를 구하는 게 아니라 하나님과 함께 있는 것이다. 그래서 이 본문 바로 전에 예수님이 하신 말씀이 있다.

> 너는 기도할 때에 네 골방에 들어가 문을 닫고 은밀한 중에 계신 네 아버지께 기도하라 은밀한 중에 보시는 네 아버지께서 갚으시리라.
>
> 마태복음 6장 6절

시편 19편에도 동일한 약속이 나온다. 하나님은 그분 앞에 홀로 나아와 그분의 말씀을 듣는 이들에게 초자연적인 상을 베푸신다.

그러므로 날마다 하나님의 말씀을 묵상할 때 당신이 무엇보다도 먼저 해야 할 일은 그 읽은 말씀에 근거해, 하나님의 성품을 찬양하고 그분이 행하신 일에 감사하는 것이다. 묵상 중인 본문을 보며 이렇게 물으라. '관찰한 결과, 나를 찬양과 감사로 이끌어 주는 하나님의 속성과 행적은 무엇인가?' 하나님의 말씀을 묵상하다가 무릎을 꿇거나 바닥에 엎드려, 방금 본 말씀에 근거해 그 상태 그대로 그분을 예배하는 것도 좋다.

Repent 이 본문은 어떻게 나를 이끌어 죄를 회개하게 하는가?

하나님의 말씀을 묵상할수록 말씀은 우리 양심을 찔러 죄를 깨닫게 하고 우리에게 하나님의 은혜가 필요함을 가르쳐 준다. 히브리서 기자는 이렇게 말했다.

> 하나님의 말씀은 살아 있고 활력이 있어 좌우에 날선 어떤 검보다도 예리하여 혼과 영과 및 관절과 골수를 찔러 쪼개

기까지 하며 또 마음의 생각과 뜻을 판단하나니.

· 히브리서 4장 12절

바울도 비슷하게 말했다.

모든 성경은 하나님의 감동으로 된 것으로 교훈과 책망과 바르게 함과 의로 교육하기에 유익하니 이는 하나님의 사람으로 온전하게 하며 모든 선한 일을 행할 능력을 갖추게 하려 함이라.

· 디모데후서 3장 16-17절

하나님의 말씀은 우리를 책망하고 바르게 하는 예리한 능력이 있다. 그래서 우리는 말씀을 대할 때마다 자신에게 이렇게 물어야 한다. '이 본문에 비추어 내가 고백해야 할 죄는 없는가?'

구체적으로 하나님의 말씀을 앞 장에서 살펴본 삶의 동심원에 적용해 보라. 오늘 읽은 말씀에 비추어 본 결과, 당신의 마음이나 생각, 갈망, 의지, 관계, 목적에 하나님을 욕되게 하는 부분은 없는가? 그분께 자백해야 할 죄는 없는가? 겸손하고 정직하게 죄를 있는 그대로 고백하라. 알다시피 하나님은 당신을 한없이 사랑하시고, 값없이 용서하시며, 온전히 깨끗하게 해 주신다. 당신에게 초자연적인 능력을 주어 죄에서 돌이켜 그분의 말씀대로 살게 하신다.

Ask 이 본문은 나를 이끌어 내 삶, 다른 이들의 삶을 위해 하나님께 무엇을 구하게 하는가?

이제 하나님의 말씀에서 관찰한 내용에 근거해 당신이 그분께 구할 수 있는 모든 것을 생각해 보라. 묵상한 본문이 당신의 삶(마음, 생각, 갈망, 의지, 관계, 목적 등)에 어떻게 적용되는지를 모두 찾아보고, 이런 층위마다 말씀을 충실히 적용하도록 도와 달라고 하나님께 기도하라. 하나님은 말씀을 삶에 적용하려는 당신을 돕기 원하시며, 당신이 구하면 도우시겠다고 약속하셨다. 그 점을 확실히 알고 기도하라.

그렇다고 당신의 삶에만 집중하지는 말고 다른 사람들을 생각하며 이렇게 자문해 보라. '어떻게 다른 사람들의 삶을 위해서도 똑같이 기도할 수 있을까?' 하나님의 말씀을 묵상하다 보면 당신의 가족, 교회 지체들, 친구들, 세상 사람들을 위해 기도하고 싶은 마음이 우러나게 마련이다. 그럴 때도 하나님이 그들의 삶 속에서 그분의 말씀대로 일하시기 원하신다는 확신을 품고 기도하라.

다른 사람들을 위해 성경대로 기도하는 확실한 본보기

를 모세에게서 볼 수 있다. 하나님의 백성이 죄 때문에 그분의 심판을 자초해 멸망할 위험에 처했을 때 모세는 그들을 대신해 하나님께 이렇게 아뢰었다.

> 주의 맹렬한 노를 그치시고 뜻을 돌이키사 주의 백성에게 이 화를 내리지 마옵소서 주의 종 아브라함과 이삭과 이스라엘을 기억하소서 주께서 그들을 위하여 주를 가리켜 맹세하여 이르시기를 내가 너희의 자손을 하늘의 별처럼 많게 하고 내가 허락한 이 온 땅을 너희의 자손에게 주어 영원한 기업이 되게 하리라 하셨나이다.
>
> 출애굽기 32장 12-13절

이 얼마나 대담한 기도인가! 모든 것을 아시고 언제나 약속을 지키시는 하나님께 "기억하소서"라고 했으니 말이다. 그런데 하나님은 모세의 기도를 기뻐하시고 본래의 약속을 지키셨다. "여호와께서 뜻을 돌이키사 말씀하신 화를 그 백성에게 내리지 아니하시니라"(14절).

모세의 삶에 등장하는 이 놀라운 장면은 예수님이 우리 각자의 삶에 주시는 놀라운 약속이기도 하다. 당신과 내가 하나님의 말씀대로 기도하면 하나님이 이 세상에서 반드시 역사하신다.

Yield 이 본문은 어떻게 나를 이끌어 하나님께 의탁하게 하는가?

예수님은 우리에게 우리 삶에서 하나님의 뜻이 이루어지도록 기도하라고 가르치셨고, 하나님은 우리에게 말씀을 통해 그분의 뜻을 알려 주신다. 그러므로 하나님의 말씀을 묵상하고 암송하고 삶에 적용한 뒤에는 우리도 예수님과 똑같이 이렇게 기도해야 한다.

> 내 원대로 마시옵고 아버지의 원대로 되기를 원하나이다.
>
> · 누가복음 22장 42절

앞에서 성경을 공부하는 잘못된 방법을 살펴볼 때 말했듯이, 우리는 성경을 묵상하려고 펴기 전에 이렇게 기도해야 한다. "하나님, 하나님이 뭐라고 말씀하시든 저는 그대로 믿고 따르겠습니다. 어떤 결과가 뒤따를지라도 이 세상에서 주님의 말씀대로 살겠습니다."

마찬가지로 성경을 덮기 전에도 이와 비슷하게 기도해야 한다. "하나님, 말씀에서 하나님의 뜻을 보았으니 이제 그대로 행하기 원합니다. 이 말씀에서 하나님이 제게 믿고 행하라고 명하시는 모든 것을 제가 실제로 믿고 행하도록 도와주소서."

앞서 보았듯이 하나님의 말씀을 공부하는 세 번째 단계, 기도는 그분과 친밀해지는 데 꼭 필요한 요소다. 기도도 성경 공부도 결코 일방통행이 아니다. 성경을 공부할 때 우리는 하나님과 함께 시간을 보내며 그분의 음성을 듣는다. 자연스럽게(사실은 초자연적으로) 이러한 시간은 우리 마음을 그분께 표현하는 시간으로 이어지며, 이번에는 그분이 들으신다.

우리가 지금 이야기하는 분이 누구신지 잊지 말라. 그분은 말씀으로 온 우주 만물을 지으시고, 해를 뜨게 하시며, 저 수많은 별들의 이름을 하나하나 불러 주시는 창조주시다. 그분 앞에서는 높은 산들도 떨고, 바다도 부르짖는다. 그분이 세상만사를 주관하고 다스리신다. 바로 그 하나님이 당신에게 말씀하시고 당신의 말을 듣고 싶어 하신다. 그뿐 아니라 당신이 그분의 말씀대로 구하기만 하면 구한 것을 주시겠다고 약속하신다.

기도하기, 마음 다해

하나님, 제가 하나님의 말씀대로 기도할 때마다
하나님이 이 세상에서 반드시 역사하실 것을 확신하며
기도할 수 있도록 도와주소서.

묻고 답하기, 진실하게

- 찬양하고, 회개하고, 구하고, 의탁하라는 네 가지 기도 지침은 성경을 공부하는 MAPS의 처음 두 단계(묵상하고 암송하라, 적용하라)와 어떤 식으로 연결되어 그 효과를 높여 줄 수 있을까?

- 이번 장의 네 가지 질문을 앞 장에서 살펴본 같은 본문에 적용해 보자.

너희는 세상의 빛이라 산 위에 있는 동네가 숨겨지지 못할 것이요 사람이 등불을 켜서 말 아래에 두지 아니하고 등경 위에 두나니 이러므로 집 안 모든 사람에게 비치느니라 이같이 너희 빛이 사람 앞에 비치게 하여 그들로 너희 착한 행실을 보고 하늘에 계신 너희 아버지께 영광을 돌리게 하라.

마태복음 5장 14-16절

이 본문은 어떻게 나를 이끌어 하나님을 찬양하게 하는가?

이 본문은 어떻게 나를 이끌어 죄를 회개하게 하는가?

- 이 본문은 나를 이끌어 내 삶, 다른 이들의 삶을 위해 하나님께 무엇을 구하게 하는가?

- 이 본문은 어떻게 나를 이끌어 하나님께 의탁하게 하는가?

○ 하나님이 당신에게 직접 말씀하시고 당신의 말을 듣고 싶어 하신다는 사실을 깨달으면 당신의 삶에 어떤 변화가 일어날까?

Share

4단계. 가까이에도, 멀리에도 말씀을 나누라

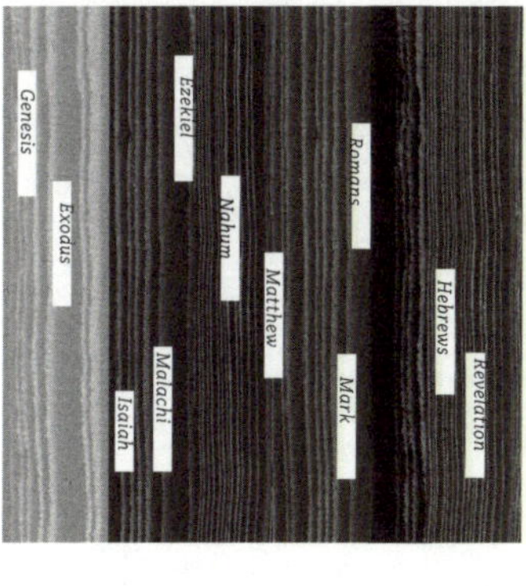

자, MAPS의 마지막 단계로 넘어가기 전에 당신에게 권하고 싶은 작은 습관이 하나 있다. 이미 살펴본 1~3단계에 이 활동을 겸할 것을 진지하게 고려해 보라. 이 습관은 그동안 내게 큰 도움이 되었으며, 앞서 소개한 세 단계(MAP)에서는 물론이고 이번 마지막 단계(S)에서도 분명 당신에게 큰 도움이 되리라 믿는다.

기록의 힘

바로 하나님의 말씀에 근거한 당신의 묵상과 적용과 기도를 '기록'하는 것이다. 물론 성경에 하나님이 당신이나 내게 기록을 명하시는 대목은 없다. 따라서 이것은 하나님께 순종하거나 불순종하는 차원의 문제는 아니다.

다만 순전히 내 경험에서 하는 말이다. 젊었을 때 내 멘토가 내게 기록을 권했다. 그 뒤로 날마다 기록한 것은 아니지만 이것만은 자신 있게 말할 수 있다. 기록을 시작한 이래로 하나님과의 관계가 가장 친밀했던 시기는 매번 내가 기록했던 시기와 정확히 일치한다.

매일 하나님 앞에 나아가 우선 전날을 돌아보며 기도와 소감을 기록하라. 하루에 한 번도 좋고 여러 번도 좋다.

그 후에 성경을 펴서 앞서 살펴본 대로 단계별로 공부하라. 묵상하고 암송한 뒤, 적용하고, 기도하는 것이다. 그 과정에서 당신이 묵상한 내용이나 암송 구절을 기록하고, 이어서 하나님의 말씀이 당신의 삶에 어떻게 적용되는지 기록하라. 중간중간 PRAY 지침에 따른 당신의 네 가지 기도도 기록하라. 그날 본 말씀대로 찬양하고, 회개하고, 구하고, 의탁하는 것이다.

길고 복잡하게 쓰지 않아도 된다. 정교한 체계 같은 것도 필요 없다. 그냥 노트에 손으로 쓰거나 컴퓨터나 모바일 기기에 바로 입력하면 된다. 지금까지 그런 것을 기록한 적이 없다면 꼭 해 볼 것을 권한다. 일단 기록하는 일이 MAPS 성경 읽기 여정에서 당신이 하나님과 더 친밀해지는 데 도움이 되는지 한번 보라.

기록을 하면 이번 마지막 단계에서 나눌 내용을 좀 더 잘 준비할 수 있다.

하나님의 말씀을 전하라

앞 장에서 읽었던 예수님의 고별 명령을 기억하는가? 마태복음에 나오는 그 명령의 중간 부분을 잘 보라. 예수님은 그분을 따르는 이들에게, 그분이 그들에게 분부한 모든 것을 사람들에게 가르쳐 지키게 하라고 이르셨다.

> 그러므로 너희는 가서 모든 민족을 제자로 삼아 아버지와 아들과 성령의 이름으로 세례를 베풀고 내가 너희에게 분부한 모든 것을 가르쳐 지키게 하라 볼지어다 내가 세상 끝날까지 너희와 항상 함께 있으리라.
>
> 마태복음 28장 19-20절

"가르쳐"라는 단어를 보는 순간 많은 사람이 즉시 이런 생각을 했을 것이다. '나는 목사도 아니고 하나님의 말씀을 가르치는 은사도 없으니 이건 내가 할 일이 아니야.' 물론 성경에 하나님의 말씀을 가르치는 은사와 소명이 나와 있기는 하다. 그러나 하나님의 백성이 다른 사람들에게 그분의 말씀을 전하는 방식이 꼭 그것만은 아니며, 이 또한 성경에 나와 있다.

하나님이 설교하거나 가르치는 은사가 있는 이들에게만 아니라 그분의 백성 모두에게 뭐라고 말씀하시는지 들어보라.

> 오늘 내가 네게 명하는 이 말씀을 너는 마음에 새기고 네

자녀에게 부지런히 가르치며 집에 앉았을 때에든지 길을 갈 때에든지 누워 있을 때에든지 일어날 때에든지 이 말씀을 강론할 것이며 너는 또 그것을 네 손목에 매어 기호를 삼으며 네 미간에 붙여 표로 삼고 또 네 집 문설주와 바깥 문에 기록할지니라.

• 신명기 6장 6-9절

신약에서 예수님이 주신 지침은 구약에 나오는 하나님의 이 지침에 기초한 것이다. 앞서 말했듯이, 우리 그리스도인이 살아가는 목적은 예수님을 알리는 것이다! 우리 각자에게 예수님은 하나님의 말씀을 다른 사람들에게 늘 전하라고 명하신다. 그들도 알고 말씀에 순종할 수 있도록 말이다.

받기만 하는 사람, 받은 것을 퍼뜨리는 사람

우리 삶의 목적이기도 한 예수님의 이 명령에는 이런 의미가 있다. 우리가 보는 하나님의 말씀이 우리에게 머물러 있어서는 안 되고 우리를 통해 퍼져 나가야 한다는 것이다. 내가 예수님을 따르는 이들에게 자주 던지는 질문이 있다. "당신은 받기만 하는 사람입니까, 아니면 받은 것을 퍼뜨리는 사람입니까?"

이와 관련해 늘 내게 떠오르는 예화가 있다. 나는 아프리카 수단에서 기독교 신앙으로 인해 박해받는 형제자매 무리와 더불어 시간을 보낸 적이 있다. 어느 초가집에 당신도 함께 들어간다고 상상해 보라. 수단 교회 리더들이 소그룹으로 모여 우리와 함께 하나님의 말씀을 공부한다. 처음부터 눈에 띄게 그들은 하나같이 토의 내용을 전부 필기한다. 나중에 그들은 우리에게 이렇게 말했다. "오늘 하나님의 말씀에서 배운 것을 전부 우리의 언어들로 번역해서 다른 부족들과 나눌 겁니다." 그들은 받기만 하려고 들은 게 아니라 받은 것을 퍼뜨리려고 들었던 것이다.

당신은 어떤가? 내 생각에 우리 대부분은 기껏해야 하나님의 말씀을 받는 데서 그치는 편이다. 말씀을 배우고 싶을 때도 자기 본위의 사고방식으로 '여기서 내가 무엇을 얻을 수 있을까?'를 묻는 게 기본값이다. 하지만 예수님이 말씀하신 둘째로 큰 계명은 다른 사람을 자신같이 사랑하라는 것이다. 그러므로 우리는 질문을 고쳐 이렇게 물어야 한다. '하나님의 말씀에서 내가 무엇을 얻을 수 있으며, 그것을 어떻게 다른 사람들과 나눌 수 있을까?' 사고방식이 근본적으로 달라져야 한다.

이제 이것을 기록과 연결해 보자. 우리가 보는 하나님

의 말씀을 다른 사람과 정말 나누고 싶다면, 묵상한 내용을 기록하는 게 도움이 될 것이다. 우리가 최대한 많이 배우려 함은 하나님의 말씀이 우리는 물론이고 다른 사람들에게도 필요하기 때문이다.

나누어야 퍼져 나간다

하나님의 말씀이 세상에 퍼져 나가는 방식은 이렇다. 즉 예수님을 따르는 이들이 자기가 본 말씀을 다른 사람들과 나누는 것이다. 그러므로 성경 공부를 마치기 전에 이렇게 물어보라. '하나님은 내가 오늘 본 말씀을 누구와 나누기를 원하실까?'

구체적인 질문을 몇 가지 더하자면 다음과 같다.

1. 내가 본 하나님의 말씀으로 격려해 줄 수 있는 그리스도 안의 형제자매는 누구일까?
2. 하나님을 모르는 가족이나 친구, 직장 동료가 하나님을 만나도록 돕기 위해, 내가 본 하나님의 말씀을 그들에게 어떻게 나눌 수 있을까?
3. 어떤 방법으로 나눌 수 있을까? 직접 만나서? 전화로?

아니면 이메일, SNS 메시지로?

4. 내가 본 하나님의 말씀을 언제 나눌까?

이렇게 묻는 가운데 당신은 하나님의 인도로 상대에게 곧바로 다가갈 수도 있고, 나중에 시간을 정해 나누기로 계획할 수도 있다. 어느 쪽이든 하나님이 그날 중에 기회를 열어 주실 수도 있으니 민감하게 살피라. 그리고 기회가 주어지면, 그분이 들려주신 말씀에서 흘러나온 은혜를 자연스럽게 나누면 된다.

신명기 6장 7절에 이르신 대로, "집에 앉았을 때에든지 길을 갈 때에든지 누워 있을 때에든지 일어날 때에든지" 그분의 말씀을 나누라. 온종일 당신이 하는 모든 말에 하나님의 말씀이 흠뻑 스며들게 하라. 그 과정에서 당신이 누릴 기쁨이 있다. 당신의 삶에서 하나님과 친밀해질 뿐 아니라 다른 사람들도 그분과 친밀하게 살도록 그들을 이끌어 주는 기쁨이다.

기도하기, 마음 다해

하나님, 다른 사람들도 하나님과 친밀해질 수 있도록
제가 하나님의 말씀을 충실히 나눌 수 있게 도와주소서.

ㅇ 꼭 영적 기록이 아니더라도 당신이 무엇이든 기록해 본 적이 있다면 언제인가? 어떤 유익을 누렸는가?

ㅇ 성경 구절, 당신의 생각, 기도와 적용을 기록하면 하나님과의 관계에 어떻게 도움이 되겠는가?

ㅇ 당신이 알고 있거나 깨달은 하나님의 말씀이 누군가를 가르치거나 격려해 줄 기회가 된 적이 있는가?

- 당신의 관점을 '하나님의 말씀에서 내가 무엇을 얻을 수 있을까?'에서 '하나님의 말씀에서 내가 무엇을 얻을 수 있으며, 그것을 어떻게 다른 사람들과 나눌 수 있을까?'로 바꾸어 보라. '말씀을 받기만' 하던 삶에서 이렇게 '받은 말씀을 다른 이들과 나누는' 삶으로 나아갈 때, 당신의 신앙은 어떻게 새로운 힘과 활력을 얻게 되겠는가?

- 신명기 6장에 명하신 대로 당신이 "집에 앉았을 때에든지 길을 갈 때에든지 누워 있을 때에든지 일어날 때에든지" 그분의 말씀을 나누면, 그런 당신을 통해 하나님이 다른 사람들의 삶 속에서 일하실 수 있다. 이런 기회를 당신은 어떻게 생각하는가?

맺음말

우리의 삶을 다 바쳐도 아깝지 않은 사랑

하나님의 말씀은 우리가 결코 당연하게 여겨서는 안 될 귀한 선물이다. 앞서 보았듯이 당신과 내가 하나님과 사랑의 관계를 맺고 그분과 친밀해질 수 있는 문이 말씀을 통해 열린다. 이것이 가능한 이유는 순전히 하나님이 기나긴 역사 속에서 그분의 말씀을 은혜로 보존하고 전수하신 덕분이다.

그분은 그 일을 하나님과 그분의 자녀들을 너무도 사

랑해서 그분의 말씀을 누구나 읽을 수 있도록 번역한 이들을 통해 하셨다. 그리하여 우리에게 모국어로 된 성경이 주어졌다. 그런데 우리는 하나님의 말씀을 우리에게 전달하기 위해 그들이 치러야 했던 희생을 잠시라도 생각한 적이 있는가?

우선 성경을 기록한 성경 기자들이 있다. 이들은 모두 성령의 영감을 받았고, 그중 다수는 하나님의 말씀을 기록하고 보급하느라 큰 대가를 치렀다. 그 후로는 원어 성경을 다른 언어로 번역한 사람마다(이 역시 큰 대가가 따를 때가 많았다) 해당 언어를 쓰는 사람들에게 삶을 영원히 바꾸어 놓을 선물을 주었다. 그들에게도 하나님과 친밀해질 수 있는 문이 열린 것이다.

예를 들어 AD 400년경에 히에로니무스라는 사람이 성경을 히브리어와 헬라어에서 라틴어로 번역했다. 이로써 성경을 읽고 공부할 수 있는 사람이 더 많아졌다. 히에로니무스의 라틴어 역본이 나온 지 거의 1,000년 후에 존 위클리프라는 사람이 성경을 영어로 번역했다. 그런데 위클리프는 성경을 '평민'의 언어로 보급하려 했다는 이유로 이단으로 몰려 박해받았다.

그로부터 한 세기가 조금 더 지나 윌리엄 틴데일이 위클리프의 노력을 보완하여 성경을 라틴어를 비롯해 원어인 히브리어와 헬라어에서 영어로 옮겼다. 틴데일은 성경 전체를 번역하려 했으나 구약을 끝마치지 못한 채, 성경을 번역한 죄로 1536년에 화형에 처해졌다. 틴데일이 시작했던 구약 번역을 그의 동료인 존 로저스가 완수했는데, 로저스도 나중에 화형을 당했다.

당신과 내가 보는 모국어 성경은 애초에 그것을 기록한 사람들이 목숨을 희생해 수고한 결과다. 그 과정의 중심에 예수님이 계신다. 하나님의 말씀이신 그분은 육신이 되어 오셔서(요 1:14) 우리를 구원하고자 피를 흘리셨다. 그 후로는 그분을 따르는 이들이 우리에게 하나님의 말씀을 전수했는데, 그중 다수가 역시 피를 흘렸다.

내가 이런 성경 번역의 역사를 강조하는 이유는 두 가지다. 우선 우리에게 주어진 하나님의 말씀이라는 보화를 결코 가볍게 여겨서는 안 된다. 전 세계 수많은 나라에 성경이 보급된 지 오래됐고, 성경을 여러 권 소장한 사람도 수두룩하다. 그런데 안타깝게도 수많은 그리스도인이 성경을 펴지도 않고 책장에 모셔 둔 채 먼지만 뽀얗게 쌓이게 하거나 고작 컵받침으로 쓰고 있다. 그러라고 우리를 앞서간 그리스도 안의 형제자매들이 순교한 게 결코 아니며, 그러라고 예수님이 목숨을 버리신 것은 더더욱 아니다.

예수님이 십자가에서 죽으시고 무덤에서 부활하셨기

에, 당신과 나는 원하기만 하면 언제든지 하나님의 말씀을 통해 그분과 친밀해질 수 있다. 매일 밤낮으로 이 초대에 응해 하나님의 말씀을 묵상하고 암송하고, 우리 삶에 적용하고, 말씀대로 기도하며, 다른 사람들에게 나누자.

이 세상에 7,000여 개나 되는 언어가 있는데, 그 가운데 아직도 성경으로 번역되지 않은 언어가 많다. 하나님의 말씀을 읽을 수 없는 사람이 아직도 수억 명에 달한다. 성경을 일부만 접할 수 있는 사람도 아주 많다. 이는 안타까운 현실이지만, 다행히도 우리 세대에 나머지 모든 언어로 성경을 번역할 수 있다. 관련 기술이 눈부시게 발전한 데다 성경 번역 단체들이 일루미네이션스(illumiNations)*라는 기구를 통해 과거 그 어느 때보다 연합하고 협력하고 있다. 이런 복합적인 요인들로 인해 앞으로 수십 년 안에 지구상의 거의 모든 사람이 하나님의 말씀을 모국어로 접하게 되리라고 전망된다.

우리가 어떤 시대에 살고 있는지 아는가? 지난 2,000년 기독교 역사에서 많은 사람이 목숨을 희생해 하나님의 말씀을 다양한 언어 집단에 보급했다. 그 결과 당신과 나는 하나님의 백성 가운데서 실제로 이 일을 완수할 수 있는 세대가

---

* https://illuminations.bible/.

되었다. 그러니 우리의 본분을 다하자.

1. 일상에서 하나님의 말씀을 묵상하고 암송하자.
2. 하나님의 말씀을 우리 삶의 모든 층위에 적용하자.
3. 우리가 구하는 것을 하나님이 주시리라는 담대한 믿음을 품고 하나님의 말씀대로 기도하자.
4. 하나님의 말씀을 주변 사람, 나아가 세상 사람들과 나누자.

모든 나라와 족속과 민족을 깊이 사랑하는 마음으로, 이 사명을 위해 열정적으로 기도하고 아낌없이 헌신하며, 우리의 삶을 온전히 바치자. 세상 모든 언어를 사용하는 사람들이 말씀을 통해 하나님과 사랑의 관계를 맺고 그분과 친밀해질 수 있도록!

기도하기, 마음 다해

하나님, 어떤 희생이 따르더라도 제가 감당할 몫을 다해
이웃과 열방에 하나님의 말씀을 퍼뜨리도록 도와주소서.

○ 성경을 다른 언어로 번역했거나 현재 번역 중인 사람들의 희생 이야기를 듣고 난 심정이 어떤가? 이 이야기들을 듣고 나서 성경을 보는 관점이 어떻게 달라졌는가?

○ 이 책을 읽으면서 하나님의 말씀을 보는 당신의 관점이 어떻게 달라졌는가? MAPS(묵상하고 암송하라, 적용하라, 기도하라, 나누라) 성경 읽기법에서 당신이 배운 가장 중요한 교훈은 무엇인가?

ㅇ 이 책에서 제시한 대로 성경을 깊이 읽고 묵상하기로 결심할 때, 하나님이 당신 안에서 그리고 당신을 통해 다른 사람들의 삶에 어떻게 역사하실 수 있겠는가?

ㅇ 하나님이 당신을 어떤 헌신과 사명으로 부르고 계신다고 생각하는가?

부록.

장르별로 성경 읽는 법

다른 나라를 여행할 때는 현지 풍습을 아는 것이 중요하다. 어떤 나라에서는 친구들이 악수를 하며 인사를 나누고, 또 다른 나라에서는 친근감의 표시로 친구끼리 손을 잡는다. 볼에 입을 맞추며 인사하는 나라도 있는데, 한쪽 볼에만 하는 경우도 있고, 양쪽 볼에 한 번씩, 혹은 여러 번 입을 맞추는 경우도 있다.

먹고 마시는 풍습도 다양하다. 포크와 나이프를 쓰는 이들도 있고, 젓가락을 쓰는 이들도 있고, 그냥 손으로 먹는 이들도 있다. 왼손은 '부정하다' 해서 오른손으로만 먹고, 왼손으로는 절대로 먹지 않는 이들도 있다. 나는 중동에서 밤을 꼴딱 새워야 했던 적이 있다. 커피를 사양해서는 안 된다는 풍습만 알았지 두 번째 잔부터는 사양하는 법도 있다는 것을 몰랐기 때문이다. 카페인을 어찌나 많이 마셨던지 며칠 동안 잠을 잘 수가 없었다!

이런 예를 소개하는 이유는 성경의 서로 다른 부분을 읽고 공부하는 것도 다른 나라를 여행하는 것과 비슷하기 때문이다. 구약의 내러티브(narrative; 이야기)가 의미를 전달하는 방식은 신약의 서신서(편지)가 의미를 전달하는 방식과는 크게 다르다. 예언서의 환상은 복음서의 서술과는 전혀 다른 장르다. 아가서 같은 사랑 노래와 요한계시록 같은 묵시 문학의 차이를 생각해 보라. 성경의 다양한 장르를 구분할 줄 알면, 각 장르의 내용을 올바르게 이해하는 데 큰 도움이 된다.

부록에는 이처럼 성경의 다양한 부분을 읽을 때 알아야 할 실용적인 조언을 담았다. 이 간략한 자료가 당신이 하나님의 말씀을 묵상하는 데 도움이 되기를 바란다.

성경 본문은 대체로 다음 열 가지 범주로 나뉜다.

1. 내러티브
2. 율법
3. 시
4. 선지서
5. 지혜 문학
6. 복음서
7. 비유
8. 사도행전
9. 서신서
10. 요한계시록

내러티브

구약의 40퍼센트 이상이 내러티브다. 내러티브는 성경에서 가장 흔한 문학 양식이다. 구약에서 이야기로 분류될 만한 것은 사실상 다 이 장르에 속하며, 복음서와 사도행전 등 신약의 이야기는 이와는 다른 장르다. 다음은 구약의 내러티브를 묵상할 때 길잡이가 될 만한 몇 가지 조언이다.

◇ 내레이터, 장면, 등장인물, 줄거리, 대화 등 이야기의 모든 요소에 주목하라. 특히 이야기 속에서 갈등과 그 갈등의 해소를 찾아보라.

◇ 이야기 배후의 역사적 맥락을 최대한 많이 파악하라. 성경 기자의 입장이 되어 보라. 아울러 이야기를 각 등장인물의 관점에서 보라.

◇ 이야기에 담겨 있는 역사를 다양한 차원에서 생각해 보라. 개인 역사 차원에서 벌어지는 사건은 무엇인가?(이야기에 등장하는 특정 인물) 국가 역사 차원에서 벌어지는 사건은 무엇인가?(범위를 넓혀 하나님이 이스라엘 백성 가운데서 행하시는 일) 구속사 차원에서 벌어지는 사건은 무엇인가?(큰 그림, 즉 하나님이 성경 전체에서 행하시는 일)

◇ 성경 전체에 나와 있는 하나님의 명령에 근거해 이야기에서 긍정적 요소와 부정적 요소를 찾아보라. 잊지 말아야 할 것이 있다. 성경 인물('선한 사람'으로 분류되는 인물일지라도)이 어떤 행동을 취했다는 이유만으로 그 행동이 옳거나 지혜롭다는 뜻은 아니다.

◇ 이야기를 도덕적 관점에서 보지 않도록 조심하라. 바람직한 행실이나 그렇지 못한 행실에 대한 도덕적 교훈만 찾으려 해서는 안 된다는 뜻이다. 구약의 여러 이야기가 우리에게 하나님께 순종하거나 불순종하는 삶의 모습을 많이 가르쳐 주는 것은 사실이다. 그러나 각 이야기가 어떻게 더 나은 사람이 될 것인가만 아니라 하나님이 누구시고, 우리는 누구며, 왜 우리에게 예수님이 필요한지에 대해 가르쳐 주는 바를 놓쳐서는 안 된다.

◇ 이야기를 구성하는 모든 세부 요소의 배후에서 상징이나 숨은 뜻을 찾아내려는 지나친 억측을 삼가라. 다만 성경에 그런 식으로 특정한 해석이 명확히 나와 있는 경우는 예외다.

◇ 이야기에서 당신이 좋아하는 부분만 고르지 않도록 주의하라. 그러면 이야기의 모든 부분을 중요하게 보기가 힘들어진다.

◇ 너무 인간 중심으로 보지 않도록 조심하라. 이야기에 나오는 사람들의 행동과 성격에 치중하면, 이야기의 참된 주인공이자 궁극적인 영웅이신 하나님을 놓친다.

◇ 구약의 이야기가 가르치고 예시하는 진리를 잘 살피라. 대개 내러티브 문학은 성경의 다른 부분에 명백히 나와 있는 교훈을 반영하며 보강해 준다. 하나님의 말씀에서

배우는 교리와 명령을 실제 사례로 보여 주는 것이다.

율법

'율법'이란 단어는 여러 의미를 가리킬 수 있다. 구약에 나오는 처음 다섯 권의 책도 그중 하나다(다만 내용은 대부분 '내러티브'로 분류된다). 성경은 하나님이 모세와 맺으신 언약을 통해 계시하신 종교 제도 전반도 "율법"이라고 칭한다. 그 안에 600여 조항의 율법이 규정되어 있다. 구약의 율법이 어떻게 우리가 하나님과 친밀해지는 데 도움이 되는지는 대개 이해하기 어렵다. 다음 조언이 도움이 되기를 바란다.

◇ 율법에는 세 종류가 있다.

1. 의식법은 제사, 성전 의식, 연례 절기 등을 관장한다.
2. 시민법은 이스라엘의 사회, 사법, 정치 생활을 관장한다.
3. 도덕법은 하나님의 백성을 향한 그분의 뜻으로서 시대를 초월한다("거짓말하지 말라", "탐내지 말라" 등이 이에 해당한다).

◇ 우리는 신약 백성이므로 구약의 율법은 우리의 율법이

아님을 알아야 한다. 구약은 하나님이 그분의 백성 이스라엘과 맺으신 옛 언약을 중심으로 돌아간다. 신약에서는 하나님이 예수님을 통해 새롭고 더 나은 언약을 맺으시며, 이 언약은 예수님을 믿는 유대인과 이방인을 두루 아우른다.

◇ 구약과 신약의 차이는 당신과 내가 구약의 율법을 하나님이 우리를 위해 감화하신 말씀으로 보되, 직접 우리에게 주신 명령으로 보지는 말아야 한다는 것이다. 하나님이 신약(새 언약)에 제시하신 명령은 따로 있으며, 그분은 우리가 거기에 순종하기를 원하신다.

◇ 그러므로 우리가 따라야 할 일반 원칙은 이렇다. 어떤 식으로든 신약에 되풀이되거나 강조되어 있지 않는 한, 구약의 율법은 오늘날의 하나님 백성인 우리에게는 더는 직접적인 구속력이 없다. 하지만 그렇다고 우리가 구약의 율법에서 많은 것을 배울 수 없다는 뜻은 아니다.

◇ 하나님의 율법에서 그분의 속성을 찾으라. 그분이 베푸신 율법의 배후에 그분의 거룩하심과 정의와 자비와 사랑이 어떻게 녹아들어 있는지 보라.

◇ 하나님의 율법을 제약이 아니라 선물로 보라. 율법이 구약 시대의 하나님의 백성에게 어떻게 자유와 질서와 보호와 유익을 주었을지 생각해 보라. 아울러 하나님의 율

법은 본래 구원을 얻기 위한 수단이 아님을 잊지 말라. 율법을 주신 목적은 사람들의 죄를 드러내 결국 모두를 예수님께로 이끌기 위해서다.

시

시는 시편에 모여 있지만 잠언의 일부, 아가, 예레미야애가, 일부 선지서 등 다른 책에도 나온다. 시 문학은 내러티브나 율법과는 확연히 다르다. 다음 조언을 염두에 두면 성령이 감화하신 시에 담긴 아름다움을 더 깊이 이해할 수 있다.

◇ 시를 읽을 때는 평소보다 속도를 늦추라. 행간마다 자주 멈추어 각 문구의 의미를 충분히 음미하라.

◇ 시의 다양한 종류를 알아 두라. 시편에 나오는 시에는 애통의 시, 감사의 시, 찬송의 시, 지혜의 시, (이스라엘 왕에게 초점을 맞춘) 왕의 시, (하나님의 원수에게 심판이 임하기를 구하는) 저주의 시, 회개의 시 등이 있다. 하나의 시에 여러 종류가 섞여 있는 경우도 많다.

◇ 특히 대구법에 주목하라. 히브리 시에서 흔히 볼 수 있는 대구법은 의미상 관련된 둘 이상의 행을 하나로 묶는 구조다. 동의 대구법에서는 1행과 똑같은 개념이 단어

와 표현만 다르게 2행에 반복된다. 반의 대구법에서는 2행이 1행에 표현된 개념과 대조를 이룬다. 종합 대구법에서는 1행의 개념이 2행에서 심화되거나 확장된다.

◇ 그 밖에 시의 의미 전달에 도움이 되는 수사법을 찾아보라. 수사법에는 직유, 은유, 유비, 비교, 대조, 의인법, 과장법, 비유적 묘사 등이 있다.

◇ 시에 표현된 겸손하고 솔직한 마음을 귀히 여기라. 특히 성경 기자가 세상의 죄와 고난 때문에 애통하는 경우에는 더욱 그러하다.

◇ 이와 관련해 성경 기자의 감정을 느껴 보라. 당신의 경험을 바탕으로 거기에 공감해 보라.

◇ 많은 시가 하나님께 드리는 기도인 만큼, 하나님과 함께 시간을 보낼 때 시의 어휘를 그대로 써서 기도하라.

선 지 서

성경에는 다른 어떤 장르보다도 선지서로 분류된 책이 가장 많다. 선지서의 분량이 신약 전체와 맞먹을 정도다. 동시에 선지서는 성경에서 가장 이해하기 어려운 부분에 속한다. 그러나 낙심할 건 없다. 먼 옛날에 선지자들에게 말씀하신 성령이 지금 당신과 함께 계시며 선지서를 이해하도록 도와주신다. 선지서를 읽을 때 다음 내용을 기억하라.

- ◇ 예언의 관건이 미래를 예고하는 것 이상임을 알아야 한다. 구약의 선지자들은 하나님의 백성에게 그분의 말씀을 전달했다. 대개 그들에게 회개가 필요함을 지적했고, 주어진 상황에서 하나님이 그들에게 원하시는 행동이 무엇인지를 알려 주었다.
- ◇ 각 선지자의 정황을 감안하라. 선지자들이 활동하던 때가 구약의 내러티브에서 각기 다른 시기임을 잊지 말라. 그러므로 특정 선지가가 하나님을 대언하던 시점에 하나님의 백성이 어떤 상태였는지를 봐야 한다. 선지자의 말을 듣던 그 당시 백성의 입장이 되어 보라.
- ◇ 신탁(oracle; 하나님이 선지자 혹은 다른 특정 인물을 통해 주신 특별한 예언이나 말씀으로, 개역개정판 성경에는 본문에 따라 "경고", "말씀", "엄중한 말씀" 등으로 번역되어 있다-옮긴이)별로 끊어서 생각하라. 신약의 서신서를 읽을 때는 문단별로 끊어서 생각할 수 있지만, 구약의 선지서 장르에서는 신탁 내지 개별적 예언을 하나의 의미 단위로 봐야 한다.
- ◇ 신탁 하나하나를 별개로 간주하라. 하나의 선지서 전체를 동일한 상황에 대한 단일한 메시지로 읽어서는 안 된다. 선지서에는 각기 다른 시기에 전한 신탁이 한데 모

여 있다.

◇ 각 신탁에서 세 가지 요점을 찾으라.

1. 하나님의 백성은 그분과 맺은 언약을 어겼다. 우상숭배나 부도덕, 불의, 종교 의식주의 때문일 때가 많았고, 어떤 때는 이 모든 죄 때문이었다. 그래서 그들은 회개해야 한다.
2. 회개하지 않으면 하나님의 백성에게 그분의 심판이 임할 것이다.
3. 심판이 임하더라도 하나님의 백성에게는 장차 회복되리라는 소망이 있다.

◇ 어느 한 신탁을 읽을 때마다 그 특정한 신탁에 담겨 있는 요점이나 주제를 찾아보라(요점이나 주제가 여럿일 수도 있다).

◇ 조건적 예언과 무조건적 예언을 구분하라. 조건적 예언은 하나님이 정하신 조건에 따라 그대로 실현될 수도 있고 그렇지 않을 수도 있지만, 무조건적 예언은 무슨 일이 있어도 성취된다.

◇ 예언이 역사 속에서 성취되었는지 여부를 살펴보되, 대다수 예언은 이미 성취되었음을 알아야 한다. 구약의 예언 가운데는 하나님의 최후 심판과 회복을 내다보는 것도 더러 있지만, 신약 시대에 직접 적용되는 부분은 얼

마 없다. 예수님의 재림과 그 이후에 해당하는 부분은 더 적다.

지혜 문학

성경의 지혜 문학은 주로 잠언, 욥기, 전도서, 아가, 일부 시편이다. 이 모두가 같은 장르로 분류되긴 하지만 문체는 저마다 다르다. 지혜 문학을 읽으면서 진정한 지혜를 얻도록 몇 가지 조언하자면 다음과 같다.

◇ 지혜 문학의 목표는 하나님의 율법을 실제 일상생활에 적용하는 데 있다. 그러므로 이런 책이 어떻게 우리를 도와 바른 목표를 성취하고, 함정을 피하고, 역경을 헤쳐 나가게 하는지를 잘 살피라.

◇ 지혜 문학은 누구에게나 해당하는 약속을 모아 놓은 책이 아님을 알아야 한다. 지혜 문학에 담긴 통찰과 지침은 하나님을 경외하는 선한 성품과 삶을 지향한다.

◇ 각 잠언과 지혜로운 경구를 따로따로 보고 또한 하나로 종합해서도 보라. 즉 일단 각 구절의 의미를 충분히 묵상한 다음, 한 걸음 물러나 책 전체를 포괄하는 주제와 역점을 찾으라.

◇ 수사법에 주목하면서 다양한 경구에 깔려 있는 문화적, 역사적 배경을 충분히 파악하라.

◇ 지혜 문학을 해석할 때는 하나님 말씀 전체의 맥락에 맞게 해석해야 한다. 성경에 명확히 나와 있는 다른 가르침에 어긋나는 결론을 도출해서는 안 된다. 결국 우리는 지혜 문학이 어떻게 우리를 하나님의 지혜이신 예수님께로, 우리 안에 사시는 예수님께로 이끌어 주는지를 봐야 한다.

복음서

복음서는 예수님의 생애와 죽음과 부활과 가르침을 기록한 네 권의 각기 다른 책이다. 주제는 모두 동일하지만 마태복음, 마가복음, 누가복음, 요한복음 기자마다 문체와 강조점이 다르다. 내용을 배열한 방식도 다르고, 염두에 둔 독자도 다르다. 한 권씩 읽든 전부 몰아서 읽든 복음서를 읽을 때는 다음 사항에 유념하라.

◇ 예수님의 가르침과 행동을 당시의 역사적, 문화적 맥락 속에서 이해하라.

◇ 복음서 기자 가운데 자신이 예수님에 대해 아는 바를 전

부 다 기록한 사람은 없다. 무엇을 넣고 무엇을 뺄지를 기자마다 예상 독자와 집필 목적에 맞게 선별했다. 그러므로 특정 기자가 예수님의 이야기에서 왜 굳이 특정 부분을 넣었겠는지 생각해 보라.

◇ 원재료를 배열한 방식이 복음서 기자마다 다르다. 그런 차이점에 주목하며 읽으라. 각 기자가 이야기와 가르침을 특정한 방식으로 구성해 특정한 요점을 전달하려 한 이유를 생각해 보라.

◇ 예수님에 대한 이야기와 예수님의 가르침이 어떻게 맞물리는지 잘 보라. 양쪽이 어떻게 서로를 반영하며 보강해 주는지 보라.

◇ 복음서에서 과장법, 반어법, 수사 의문문 같은 특별한 문체를 찾아보라.

◇ 예수님은 구약 전체가 가리켜 보이는 정점이다. 복음서에 그 점이 어떻게 다양하게 묘사되어 있는지 보라.

비 유

비유는 예수님이 가르치실 때 가장 즐겨 쓰신 방식이다. 그런데 그분께 모여든 무리 가운데는 비유를 알아듣지 못한 사람이 많았고, 기독교 역사를 보면 여러 비유에 대한 황당한 해석도 많이 나왔다. 다음 조언대로 하면 비유를 정확히 이해하고, 거기에 담긴 교훈을 충실히 적용할 수 있다.

- ◇ 처음 듣던 사람들의 관점에서 비유를 되풀이해 읽으라. 듣던 순간 그들에게 확 와닿은 것은 무엇일까? 충격이나 도전, 격려가 된 대목, 잘못을 지적받고 양심에 찔린 대목은 어디일까? 그들은 각 비유를 어떻게 이해했을까? 현장을 떠날 때는 어떤 심정이었을까?
- ◇ 예수님이 비유를 해석해 주실 때마다 더도 말고 덜도 말고 그분의 해석이 곧 그 비유의 의미임을 잊지 말라. 그 이상으로 해석하려 하지 말라.
- ◇ 대개 비유의 요점은 하나다. 그러니 그 요점을 파악하라. 경우에 따라 비유 속 특정 인물이나 사건에 상응하는 요점이 한두 가지 더 있을 수도 있다.
- ◇ 비유를 구성하는 모든 세부 요소를 일일이 해석하고 싶은 유혹을 물리치라. 비유의 전체 요점에 초점을 맞추고, 세부 요소가 그 요점을 어떻게 부각하거나 보강해 주는지 보라.

사도행전

사도행전에는 신약 교회의 이야기가 담겨 있으며 흔히 '성령 행전'이라고도 한다. 실제로 사도들의 행전이기도 하고 성령의 행전이기도 하다. 승천하신 예수님이 성령으로 말미암아 사도들의 삶을 통해 지상에서 계속 해 나가신 일이 두루 기록되어 있기 때문이다.

성경 66권 중에 한 권인 사도행전은 오늘날의 교회에 교훈과 격려를 준다. 다만 사도행전의 의미를 제대로 이해하고 적용하려면 다음과 같은 조언을 따라야 한다.

◇ 사도행전 1장 8절에서 예수님은 그분을 따르는 이들에게 "오직 성령이 너희에게 임하시면 너희가 권능을 받고 예루살렘과 온 유대와 사마리아와 땅끝까지 이르러 내 증인이 되리라"라고 말씀하셨다. 이 본문이 사도행전의 지리적 구조를 이해하는 근거가 된다. 복음은 예루살렘에서(행 1-7장) 유대와 사마리아를 거쳐(8-9장) 땅끝까지 퍼져 나간다(10-28장).

◇ 우리가 공부하는 것은 책에 기술된 초대 교회의 행적일 뿐이지, 하나님이 모든 시대의 교회도 똑같이 행해야 한다고 규정하신 것은 아니다. 사도행전에 나오는 사례가 신약의 다른 부분에 나오는 명령이나 가르침과 일치하

지 않는 한, 그 사례는 우리에게 교훈은 될지언정 우리도 반드시 그렇게 해야 하는 것은 아니다.

◇ 초대 교회의 제자들과 리더들이 아무리 귀감이 된다 해도 그들 또한 부족한 존재였음을 잊지 말라. 우리는 그들이 예수님을 본받은 만큼만 그들을 본받으면 된다.

◇ 사도행전을 관통하는 몇 가지 특정한 주제에 주목하라. 복음, 성령, 교회, 기도, 세상으로 퍼져 나가는 하나님의 말씀 등을 그런 주제로 꼽을 수 있다.

◇ 전체 사도행전의 약 3분의 1을 차지하는 연설(설교, 간증 등)에 주목하라. 기록된 것은 각 연설의 전문이 아니다. 그러므로 기자인 누가가 왜 굳이 그 연설의 특정한 어휘나 대목을 책에 담았을지를 생각해 보라.

◇ 사도행전에서 2,000년 전에 역사하신 동일한 성령의 능력으로 오늘날 우리도 교회의 사명을 감당하고 있음을 기억하라. 우리가 지금 그 사명을 어떻게 수행하고 있는지 돌아보며 격려와 도전을 받고, 잘못은 깨닫고, 새로운 의욕을 얻으라.

서신서

신약성경 27권 가운데 21권은 여러 개인과 교회에 쓴 편지다. 이들 편지는 대부분 비슷한 형식으로 되어 있다. 도입부에 밝혀진 기자와 수신자, 공식 인사말, 편지 본문, 종결부의 기도나 권면, 명령 등이다. 서신서에서 우리는 1세기에 예수님을 따르던 이들의 기쁨과 고뇌를 흥미진진하게 엿볼 수 있다. 서신서에는 하나님이 새 언약 아래서 그분의 백성으로 살아가는 우리에게 주시는 약속과 명령이 가득하다. 서신서를 공부할 때 따를 만한 조언은 다음과 같다.

- ◇ 우선 시간을 들여 해당 편지를 쓴 기자와 수신자, 전체 취지를 파악하라.
- ◇ 이들 편지가 필요에 따라 생겨난 문서임을 잊지 말라. 신학 논문이나 이론서로 쓴 것이 아니라 특정한 상황에 대처하고자 썼다는 뜻이다. 서신서는 마치 전화 통화에서 한쪽 말만 듣는 것과 비슷하다. 그러므로 기자가 쓴 말의 의미를 이해하려면 반대편의 통화 상대를 머릿속에 떠올려 보라.
- ◇ 특정 본문을 공부하기 전에 먼저 편지 전문을 읽으라. 그러면 각 부분을 전체에 비추어 이해할 수 있다. 편지 전체의 흐름을 개괄해 보는 것도 좋다. 그러면 글의 구조가 어떻게 짜여 있는지 알 수 있다.
- ◇ 편지의 각 문단이나 단락에 대해 이렇게 물어보라. '여

기서 기자가 말하려는 요점은 무엇일까?' '이 부분은 편지의 전체 취지에 어떻게 들어맞을까?'

◇ 편지에 모호하거나 불확실한 부분이 있거든, 성경의 다른 서신이나 다른 부분에 명확히 나와 있는 가르침에 어긋나는 결론을 도출하지 말라.

요한계시록

성경에서 요한계시록은 다양한 장르가 하나로 어우러진 특이한 책이다. 묵시의 환상이 이어지면서 예언이 선포되는데, 기록 형식은 교회에 보내는 편지다. 지금까지의 기독교 역사에서 예수님을 따르는 이들은 이 책을 대하는 올바른 접근법으로 크게 네 가지 관점을 내놓았다.

◇ 과거주의 : 요한계시록에 기록된 모든 내용은 기독교 역사의 처음 몇 세기 동안에 다 성취되었다.

◇ 역사주의 : 요한계시록은 전체 역사의 청사진을 보여 준다. 일부 내용은 이미 성취되었고 나머지는 미래에 이루어질 것이다.

◇ 미래주의 : 요한계시록의 내용은 모두 역사의 종말에 성취될 것이다.

◇ 이상주의 : 요한계시록은 교회사 내내 하나님과 사탄 사이에서 벌어지는 싸움을 상징적으로 그려 낸 책이다.

요한계시록에 관한 또 다른 논쟁은 요한계시록 20장에 기술된 "천 년"(또는 천년왕국)의 성격과 시기를 중심으로 전개된다. 교회사의 이런 해묵은 논쟁을 감히 내가 해결해 볼 마음은 없다. 다만 관점의 차이와 관계없이 다음 조언이 요한계시록을 읽는 모든 그리스도인에게 도움이 되기를 바란다.

◇ 지난 수천 년 동안 요한계시록의 여러 부분에 대해 그리스도인 사이에 분명히 이견이 있었던 만큼, 당신이 생각하는 해석에 대해서도 겸손한 자세를 취하라. 현세에서는 우리의 지식에 한계가 있으며, 요한계시록도 장차 올 새 하늘과 새 땅에서야 온전히 이해하게 되리라는 것을 인정하라.
◇ 1세기의 그리스도인들이 이 책을 어떻게 받아들였을지 그들 입장에서 상상해 보라. 그들은 박해의 위협 앞에서 신앙을 타협하고 싶은 유혹을 느꼈다. 이 책은 그런 그들을 혼란에 빠뜨리거나 분열시키려고 쓴 것이 아니다. 오히려 그들에게 소망을 주고, 거룩하게 살도록 권면하며, 교회 내의 오류를 논박하고, 열방으로 나갈 사명을

독려하려고 쓴 것이다. 그러므로 당신이 읽는 요한계시록이 바로 이런 목적을 어떻게 수행하는지 눈여겨보라.

◇ 요한계시록에 예언된 사건은 허구가 아니라 실제지만, 전달에 쓰인 문체는 매우 상징적이고 은유적이다. 따라서 의미를 파악하려면, 성경 기자가 이런 상징과 은유의 문체로 본래의 독자에게 어떤 효과를 내려 했을지 꼭 생각해 보라.

◇ 책에 일곱 가지 사건(일곱 봉인, 일곱 나팔, 일곱 대접-옮긴이)이 주기적으로 반복되는 데 주목하라. 이런 주기는 동일한 대상을 다르게 표현한 것일 수도 있고, 사건을 시간 순서로 기술한 것일 수도 있다.

◇ 요한계시록에 우리가 잘 모르거나 서로 견해가 갈리는 부분이 많다는 점에 유념하면서, 우리가 확실히 알고 있고 서로 견해가 일치하는 모든 부분에 초점을 맞추라. 구체적으로 요한계시록 전체에 등장하는 다음과 같은 진리에 주목하라.

1. 모든 일을 하나님이 주관하신다.
2. 사탄은 그분의 지배하에 놓여 있으며, 장차 멸망할 것이 확정되어 있다.
3. 결국 하나님이 승리하신다. 그분의 복음이 교회를 통해 전진하고, 그분의 아들이 교회를 위해 다시

오시며, 그분의 영광이 온 땅에 드높여진다.

4. 이 세상은 온갖 죄와 악과 미혹으로 가득하다.
5. 예수님은 사자 같은 어린양으로서 우리의 죗값을 치르셨고, 모든 나라와 족속과 언어 가운데서 사람들을 피로 사서 하나님께 드리신다.
6. 교회는 예수님의 몸이자 아름다운 신부로서 영원히 그분과 연합한다.
7. 우리는 죄와 싸우고 고난을 견디면서 예수님이 다시 오실 때까지 열방에 그분을 전해야 한다.
8. 예수님을 신뢰하지 않고 믿지 않는 모든 이에게는 지옥의 영원한 심판이 예비되어 있고, 예수님을 신뢰하는 모든 이에게는 천국의 영원한 기쁨이 기다리고 있다.

감사의 말

하나님의 은혜를 떠나서는 내게 선한 것이 없다. 이 책에 선한 것이 있다면, 그것은 수많은 사람을 통해 부어 주신 그분의 은혜의 증거다.

이 프로젝트를 완성하도록 헌신해 준 크리스, 워렌, 세스, 데이비드를 비롯한 래디컬 팀의 모든 귀한 동역자들을 허락하신 하나님께 감사드린다. 하나님의 말씀을 통해 그분의 사랑을 세상에 널리 전하려는 우리의 사역에 그분이 복 주시기를 기도한다.

우리 맥린바이블교회 식구들로 인해 하나님께 감사드린다. 함께 하나님의 말씀을 알아가는 것이 얼마나 즐거운지! 우리가 워싱턴 D.C. 광역권과 세계 곳곳에서 제자를 삼고 교회를 세워 나가는 동안, 하나님이 계속 우리를 그분께로 그리고 서로에게로 더 가까이 이끌어 주시기를 기도한다.

아름다운 아내와 자랑스러운 여섯 명의 자녀들을 주심

에 하나님께 감사드린다. 어딘가로 이동 중에든 모여서 가정 예배를 드릴 때든, 가족과 함께 하나님의 말씀을 읽고 서로 말씀으로 격려하는 시간이 내게 얼마나 소중한지 모른다. 그분의 말씀으로 말미암아 우리 가족 모두가 평생 그분과 더 친밀해지기를 기도한다.

말씀을 주신 하나님께 가장 감사드린다. 나는 그분의 말씀 없이는 살 수 없으며, 아침마다 말씀으로 나를 만나 주시는 그분을 찬양한다. 영원하고 한없이 귀한 이 선물을 은혜로 내게 맡기셨으니, 나를 도우사 말씀의 충실한 종과 청지기로 살게 해 주시기를 기도한다.

"그는 흥하여야 하겠고 나는 쇠하여야 하리라"(요 3:30).

✦

주의 말씀은

내 발에 등이요

내 길에 빛이니이다

시편 119편 105절